LA

# LOGIQUE SUBJECTIVE

DE

# HÉGEL

TRADUITE PAR

H. SLOMAN ET J. WALLON

SUIVIE DE

QUELQUES REMARQUES, PAR H. S.

PARIS
LIBRAIRIE PHILOSOPHIQUE DE LADRANGE
RUE SAINT-ANDRÉ-DES-ARCS, 41

1854

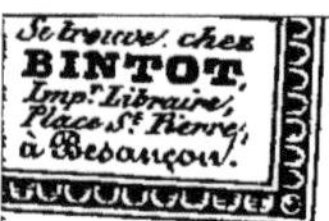
Se trouve chez
BINTOT,
Impr. Libraire,
Place St. Pierre,
à Besançon.

LA

# LOGIQUE SUBJECTIVE

PARIS. — TYP. DE PILLET FILS AINE, RUE DES GR -AUGUSTINS, 5

# LA
# LOGIQUE SUBJECTIVE
DE
# HÉGEL

TRADUITE PAR

H. SLOMAN ET J. WALLON

SUIVIE DE

QUELQUES REMARQUES, PAR H. S.

PARIS
LIBRAIRIE PHILOSOPHIQUE DE LADRANGE
RUE SAINT-ANDRÉ DES ARCS, 41

1854

# PRÉFACE.

Ce travail, commencé en Allemagne, n'était d'abord qu'une analyse succincte de la logique subjective de Hégel, et ne devait point voir le jour. Je l'avais entrepris pour un Anglais de mes amis qui désirait l'étudier dans sa langue maternelle. Je m'aperçus bientôt que cette version de l'allemand dans une langue latine rendait le texte plus intelligible à mes propres yeux, et pour cela je continuai de m'y intéresser. Plus tard, ayant été conduit à vivre quelques années à Paris, j'eus occasion d'en causer avec M. Wallon, dont je venais de lire les *premières études de Philosophie*. Il me décida, par ses instances, et sans croire engager par là sa foi ni ses opinions, à remettre avec lui, en français, cette analyse de Hégel, qui devint alors une véritable traduction dans laquelle toutes les idées, sinon toutes les phrases du philosophe, sont fidèlement et scrupuleusement reproduites (1).

Hégel est souvent très-clair, mais parfois aussi il se plonge dans des abstractions insaisissables. On s'est rappelé qu'Homère, lorsqu'il décrit un sentiment ou une chose inusitée, s'écrie parfois : C'est ainsi que cela se.

(1) Le texte français étant arrêté, il était si facile d'en donner une édition anglaise, qu'un voyage à Londres a suffi pour cela. Elle paraît (sous le même titre que celle-ci) chez John Chapman, à Londres.

nomme chez les dieux immortels, mais les mortels lui donnent un autre nom, et l'on a dit que Hégel parlait aussi ces deux langues, tantôt celle des dieux immortels et tantôt celle des hommes. La vigueur de son esprit l'élevait souvent à des hauteurs inaccessibles à toutes les langues, même à la langue allemande qui s'est prêtée depuis trois siècles à tant de systèmes, et s'est accommodée à de si grandes abstractions. Aujourd'hui cependant on commence à le mieux comprendre ; car depuis que ce philosophe allait, un manuscrit sous le bras, et le jour de la bataille d'Iéna, cherchant par les rues de cette ville un éditeur pour son premier ouvrage, *la phénomenologie de l'esprit*, un demi-siècle s'est écoulé; on l'a étudié, on l'a compris, et l'on est parvenu à pouvoir le traduire après l'avoir suffisamment approfondi.

Mais il est clair, par ce qui précède, qu'on ne saurait le traduire à la lettre ou mot à mot, comme on le fait des autres livres de science; et que cette traduction, fût-elle possible, nul ne voudrait la lire. A l'appui de cette opinion, qui ne doit surprendre que ceux qui ne connaissent point la langue et la philosophie allemandes, nous invoquerons le témoignage des écrivains qui se sont occupés jusqu'ici de travaux analogues, et particulièrement celui de deux hommes dont l'autorité est irrécusable. « Hégel, «dit M. Wilm, est dans son langage et dans toute sa ma-« nière d'être et de sentir, le plus Allemand des penseurs « de l'Allemagne. Il est par cela même le plus intraduisi-« ble des écrivains. Il se sert d'une foule de mots arbitrai-« rement composés, qui se refusent à toute version directe, « et qui, le plus souvent, ne peuvent être rendus en fran-« çais par des circonlocutions qu'aux dépens de la précision « et quelquefois de la clarté et de la fidélité (1). »

M. Bénard, l'habile et persévérant traducteur du cours d'Esthétique de Hégel, travail qui a obtenu l'année dernière un prix de trois mille francs de l'Académie des sciences morales et politiques, comme ouvrage utile aux mœurs, dit dans sa préface : « Nous sommes persuadé « qu'une traduction complète et littérale serait barbare et « inintelligible. » Et encore : « Le style de Hégel, par ses

(1) Hist. de la ph. all., t. III, p. 383.

« qualités comme par ses défauts, est fait pour rebuter le « traducteur le plus habile et le plus opiniâtre. »

En présence de ces témoignages dont on ne saurait mettre en doute la grande autorité, nous n'avons qu'à répéter de nouveau que notre version est à la fois plus et moins qu'une traduction. Celle du cours d'Esthétique est plus littérale que la nôtre, et si M. Bénard voulait en donner une semblable de la logique, nous serions les premiers à nous en réjouir; nous aimons même à espérer que le disciple français de Hégel, s'il me permet de lui donner ce nom, entreprendra tôt ou tard cet important travail s'il croit pouvoir le conduire à bonne fin. Loin de vouloir dire par là que sa traduction de l'Esthétique laisse quelque chose à désirer, nous voulons au contraire faire observer que la logique, et surtout la logique objective de Hégel, offrent de plus grandes difficultés que les autres parties de sa philosophie, ainsi que M. Bénard l'a reconnu lui-même lorsqu'il les a comparées.

Le public, qui s'inquiète peu de ces difficultés, répond à cela : « Que me fait la logique? Je n'en veux pas plus que « de la métaphysique; et si celle de Hégel est aussi méta- « physique, je n'en veux doublement pas! »

Mais quand bien même la philosophie de Hégel serait fausse, elle vaudrait encore mieux que toutes les autres, parce qu'elle résout plus vite ces objections. Avec autant de simplicité que de raison, son auteur prouve très-bien que la métaphysique est tout à fait inévitable. « Quand un « botaniste, dit-il, un médecin, un mathématicien ou un « savant quelconque parle d'une *force* ou de la *matière*, etc., « il peut bien croire qu'il est hors de la métaphysique, mais « en vérité cela n'est pas, car en prononçant ces mots il y « est en plein cœur, et ce qui est pis, il ne le sait point. » Hégel a insisté plus d'une fois sur cette incontestable vérité. Il est évident, en effet, que si l'ensemble des lois de la nature constitue la physique, l'intelligence même de ces lois constitue la métaphysique, ou en d'autres termes, que sous le nom de notions métaphysiques on comprend l'analyse de toutes nos autres notions. Quand on dit qu'on ne veut point de la métaphysique dans les sciences, cela veut dire qu'on n'aime point les questions métaphysiques qui sont douteuses, mais seulement celles qui sont bien sûres. Et cela est sans contredit fort sage; mais la limite entre les questions douteuses et celles qui ne le sont point n'est pas facile à saisir. Autant vaudrait avouer que les sciences positives aiment bien la métaphysique qui n'est point douteuse. Mais alors elles font comme tout le monde ; tous, nous préférons le clair et nous n'aimons pas l'obscur

Aussi nous sommes-nous efforcés de vaincre les difficultés de ce travail, et peut-être certains esprits métaphysiques le trouveront-ils trop clair ? — Soit ; nous osons être clairs dans un sujet obscur. Voyons ce qu'en diront d'une part les esprits bien clairs, et d'autre part les esprits bien obscurs.

Nous demandons la permission de reproduire, en terminant, plusieurs fragments de la belle préface que M. Bénard a mise en tête de sa traduction des écrits de Schelling :

« Les systèmes de la philosophie allemande ont un avantage incontestable sur toutes les productions plus ou moins philosophiques auxquelles on a coutume de prodiguer ce nom : c'est que, quels que soient leurs défauts, leurs erreurs, leur obscurité, ce sont de véritables systèmes.....

« Aujourd'hui, il est vrai, ces systèmes sont entrés dans une phase de décadence. La critique les a battus en brèche et harcelés pendant cinquante ans, et, malgré son impuissance à fonder, elle leur a porté plus d'un coup meurtrier, fait plus d'une blessure incurable. Le temps, d'ailleurs, qui fait vieillir les systèmes aussi bien que les hommes et les sociétés, a gravé sur leur front des rides profondes. Les idées ont marché, quoique d'une manière latente ; les sciences particulières ont fait des découvertes ; l'expérience a révélé des faits nouveaux qui leur sont peu favorables. Ils ont eu l'irréparable tort de se mettre ouvertement en opposition avec le sens commun en des points graves où celui-ci jamais ne transige et où les systèmes sont forcés, tôt ou tard, de capituler. En un mot, ils sont convaincus de ne pas satisfaire, de tout point, la raison, et de répondre encore moins aux éternels besoins du cœur humain. Plusieurs conséquences hostiles à la morale, à la religion, à ce que le monde révère ou adore, ont été mises à nu par les adversaires, ou hardiment démasquées par les disciples eux-mêmes.....

« Rien donc n'est plus facile que de montrer (quand on les

connaît) les lacunes, les vices, les fâcheuses tendances de ces systèmes; car de dire où ils pèchent radicalement en faisant subir à leur principe la confrontation d'un principe supérieur, c'est tout autre chose. Mais on peut, sans être aussi bon dialecticien que Socrate, les pousser à l'absurde sur bien des points, et, sans avoir la force comique d'Aristophane, nous égayer à leurs dépens en rajeunissant le thème classique, bien qu'un peu usé, des nuages de la Germanie.....

« On a aussi proposé d'autres doctrines, d'autres systèmes, mais ces prétendus systèmes n'ont jamais pu parvenir à s'organiser, à se formuler nettement et d'une manière complète. Ce sont des solutions partielles à divers problèmes, très-importants sans doute, mais sans portée universelle. Les questions sociales, industrielles, historiques ou religieuses y jouent un rôle exclusif, absorbent, effacent tout le reste, sont données comme l'objet suprême et unique vers lequel doivent tendre tous les efforts de l'esprit humain. La métaphysique, cette science générale des principes, y est oubliée, dédaignée ou ajournée, et, dans ce dernier cas, doit éclore du système qu'elle devait engendrer.....

« Nous ne reconnaissons dans ces travaux ou ces essais aucun des caractères qui constituent un système philosophique. De vrais systèmes, nous n'en voyons nulle part autour de nous dans ce qui se donne ou est donné pour l'être. Aucune de ces productions ne nous paraît capable de soutenir une pareille prétention et de remplir les obligations qu'elle impose. Ces caractères, nous ne les trouvons que dans les systèmes qui marquent le développement de la philosophie allemande, et dont le nombre est fort restreint. Ils se réduisent à quatre, dont le nom vient à la bouche de quiconque cherche à articuler les degrés de ce développement. Ce sont ceux de Kant, de Fichte, de Schelling et de Hégel. Et encore faut-il simplifier cette liste, car tout le monde sait que les deux premiers représentent la même idée dans ses deux phases successives, et que les derniers, quelles que soient leurs différences profondes, et malgré les dissidences qui ont éclaté entre les auteurs et leurs écoles rivales, marquent l'avénement et la domination d'un même principe, différemment formulé et développé. Or, Kant est détrôné. Ses savantes et rigoureuses analyses subsistent et subsisteront toujours; mais son système est tombé; il est entré dans le domaine de l'histoire. Vainement, quelques rares et obscurs partisans cherchent-ils à le relever et à le ressusciter. Reste donc la philosophie de Schelling et de Hégel. Son règne est-il fini? Nous ne répéterons pas ce que nous avons dit, et nous ne voulons pas entrer dans plus de détails. La question est très-simple et peut se résoudre en deux mots : Oui, leur règne a cessé si l'on nous montre le système qui leur a succédé; non, si ce système n'existe pas. En Allemagne, en France, chez toute autre nation de l'Europe, nous ne voyons personne à qui, indépendamment des prétentions souvent ridicules de secte et d'école, on puisse, sans hésitation, accorder le titre de fondateur d'un système nouveau, et qui soit en état d'en supporter les onéreuses conditions.....

« Mais que les ennemis de la philosophie ne se hâtent pas de triompher de l'abaissement où celle-ci est tombée. Bien qu'affaiblie et divisée, son action est encore toute-puissante. Elle règne par son esprit, sinon par la lettre, et surtout par les habitudes auxquelles elle a façonné les intelligences pendant la longue période de sa domination incontestée.

« De fait, il ne s'écrit pas en Allemagne vingt pages sur la philosophie, l'histoire, la littérature, la religion et la politique, où l'on ne reconnaisse la pensée encore vivante de ces hommes qui ont tout agité, tout remué, qui ont étendu à tout, fait partout pénétrer la vertu dominatrice de leurs formules. Vous retrouverez celles-ci dans les plus vulgaires débats de la politique et de la littérature, jusque dans les feuilletons et les romans. A plus forte raison, cet esprit doit-il se montrer avec toute sa force dans les controverses religieuses qui ont repris une nouvelle importance depuis quelques années. Le conseil municipal de la ville de Berlin dresse ses suppliques au roi en un style que n'auraient désavoué ni Fichte ni Hégel; et le fond, certes, ne dément point la forme.

« Quant à nous, qui, selon notre éternelle coutume, rions de tout cela, et qui sommes d'autant plus assurés d'être hors de l'atteinte de ces idées et de ces systèmes, que nous nous vantons de n'y rien comprendre et les déclarons inintelligibles, est-il bien sûr que leur obscurité, d'une part, et notre bon sens, de l'autre, nous aient suffisamment protégés? Personne, je pense, n'oserait le soutenir pour le passé. Nous ne voulons point chicaner sur le degré de cette influence, manifeste en beaucoup de points à tous les yeux, moins visible en une infinité d'autres, mais reconnaissable encore à des regards un peu exercés, qui ne se laissent point abuser par quelques changements de forme, commandés par notre esprit et nécessaires pour les faire admettre.

« Mais nous soutiendrions la gageure même pour le présent. Sous peine d'être déclaré visionnaire, nous nous ferions fort de montrer l'esprit, quelquefois la lettre, partout l'empreinte de ces doctrines, dans les productions de notre époque, où l'on s'attendrait le moins à les trouver. Nous les surprendrions peut-être, pour ne pas dire certainement, et surtout, dans les écrits qui leur sont le plus hostiles, précisément parce qu'on ne se heurte que quand on se touche, et que l'on parcourt la même voie. Pour quiconque sait comment s'importent les idées, comment ces voyageuses ailées traversent les frontières, sans se laisser plus arrêter par les cordons sanitaires de la littérature négative, que par les montagnes et les fleuves; avec quelle facilité elles changent de costume et se métamorphosent; par quelles portes cachées elles pénètrent dans les esprits les plus en garde contre elles, les surprennent, s'y logent, les dominent et les obsèdent quand ils réagissent, se débattent et luttent contre elles, ou enfin, prennent la plume pour les réfuter, il n'y a là ni vision ni subtil paradoxe, mais un fait général, dont l'application au cas particulier pourrait se démontrer par l'analyse des principales productions des arts et de la littérature actuels.....

« En appelant l'attention des hommes sérieux sur les œuvres mêmes de cette philosophie, nous voulons préparer et susciter une critique puissante et féconde, non semblable à celle qui leur rend service et perpétue leur domination par une censure ignorante, des attaques maladroites ou des accusations exagérées, mais qui, au lieu de frapper à côté ou par derrière, ose les regarder en face et se mesurer avec elles avec les armes de la science et de l'esprit; non celle qui croit les supplanter en éludant les questions qu'elles ont au moins le mérite d'avoir franchement abordées, mais celle qui reprendra un à un tous ces problèmes, les traitera d'un point de vue plus élevé et leur donnera de meilleures solutions. Cette critique vraiment philosophique est encore moins celle qui s'exerce sur leur épiderme, en leur décochant quelques épigrammes, *tela sine ictu*. Celle-là doit pénétrer au fond de leurs entrailles pour en arracher les idées qui sont leur principe de vie et de durée. Maitresse de ces idées par la vertu et le droit d'une idée supérieure, elle saura démêler en elles le vrai du faux, les corriger, les redresser, les expliquer elles-mêmes, comme ce dont elles ont inutilement tenté de rendre compte. Elle créera ainsi une doctrine plus solide, plus large et plus vraie, plus capable de satisfaire la raison et les besoins du siècle, et aussi d'interpréter, sans les détruire, des croyances qui ne peuvent périr. Nous nous estimerions heureux d'avoir contribué à lui fournir l'une des deux conditions nécessaires pour élever ce système, la connaissance du présent encore plus que celle du passé, après le génie que Dieu seul peut donner. Plus heureux serions-nous encore si ce système devait éclore dans la patrie de Descartes ! »

Bien qu'étranger, je m'associe de grand cœur à ce vœu.

H. SLOMAN, Dr.

Paris, mai 1854

# LOGIQUE SUBJECTIVE

## NOTIONS GÉNÉRALES.

Les matières contenues dans cette partie de la philosophie qui va maintenant nous occuper sont les mêmes que l'on rencontre dans la plupart des traités de logique. Mais dans mon système, il faut le bien remarquer, elles sont étroitement liées à toutes celles que l'on désigne généralement sous d'autres noms; et quoique je ne puisse retracer ici la route que la PHILOSOPHIE ABSOLUE a déjà parcourue, je veux essayer cependant de montrer les rapports intimes qui subsistent entre la logique que je nomme *subjective* et les autres branches de la philosophie vulgairement appelées ontologie, métaphysique et cosmologie, mais qui, dans ma doctrine, constituent cette partie de la logique que j'appelle *objective.*

Dans mon système, l'Être considéré d'une manière générale, en lui-même, et n'ayant encore ni forme ni objet, est la source première d'où tout procède. La philosophie et tout ce qui existe dans le monde, et le monde lui-même en découlent.

Si l'on considère l'Être, en effet, avant qu'il ait pris aucune forme déterminée, on voit que l'on peut dire de lui qu'il est et qu'il n'est pas en même temps. Il est tout et il n'est rien; il est tout en général, mais il n'est rien de particulier. Or, en faisant ce raisonnement, nous avançons d'un pas, puisqu'à l'idée de l'Être que nous posions d'abord, nous voyons maintenant se joindre l'idée du non-être ou du rien que nous n'avions pas posée. Dans ce cas comme dans tous les autres, c'est la force dialectique de l'idée que nous posons, qui nous oblige à reconnaître que cette idée, quelle qu'elle soit, n'est pas ce qu'elle paraît être d'abord, mais au contraire, qu'elle se contredit pour ainsi dire elle-même, en s'opposant une seconde idée qui est la négation de la première. C'est pour ce même motif que dans la circonstance actuelle nous avons pu dire de l'Être en général qu'il est tout et qu'il n'est rien. Mais si l'on veut y réfléchir attentivement, on verra que (la même force dialectique agissant toujours) les idées ne sauraient demeurer dans cet état d'opposition l'une à l'égard de l'autre, et qu'il sort nécessairement des deux contraires une troisième idée, qui est la résultante et comme la VÉRITÉ des deux premières.

En effet, l'Être ne disparaît pas, comme on le pourrait croire, dans l'idée du non-être ou du néant que nous lui opposons. Il subsiste, mais en même temps il est modifié. Au lieu de l'Être et du néant opposés l'un à l'autre que nous avions d'abord, nous avons à présent l'Être qui va au néant et le néant qui va à l'Être. Nous assistons en quelque sorte à l'enfantement progressif du rien par l'Être et de l'Être par le rien; nous suivons les transformations de l'Être qui passe au néant et du néant qui devient l'Être; ce qui nous apporte évidemment l'idée d'un mouvement continuel de l'un vers l'autre, ou le passage d'une forme à une autre forme qui ne s'arrête jamais pour nous laisser le temps de le saisir et nous donner le droit de dire qu'il est. Rien n'est donc d'une manière absolue; tout va du néant à l'Être ou de l'Être au néant. Ainsi, pour répéter ce qui précède, nous avons commencé par affirmer simplement l'existence du Tout; mais aussitôt, cette idée de l'Être en général et antérieurement à toute forme, nous a poussés par sa propre force dialectique à une négation diamétralement opposée ou à l'idée du non-être, d'où nous avons vu sortir ensuite cette vérité, que le monde entier nous présente un développement continuel qui fait que chaque forme devient sans cesse ce qu'elle n'était pas encore. En d'autres termes, le DEVENIR est la vraie forme ou la vérité de l'Être, et le changement, qui est à la fois la négation de l'Être et du non-être, se trouve, pour cela même, la vérité de l'Être et du néant. L'Être et le Rien ne sont donc point des idées vraies, bien que d'abord ils nous aient paru tels. Il n'y a rien de vrai que le *devenir*, que nous commençons à connaître comme le passage de l'Être au néant ou du néant à l'Être.

Nous pourrions dire la même chose de toutes nos autres idées; car toute idée que nous posons porte nécessairement avec elle sa dialectique qui, nous poussant aussitôt vers son contraire, fait apparaître une seconde idée qui est la négation de la première. Puis ces deux idées ensemble en font surgir une troisième qui est pour ainsi dire la vérité des deux autres. Et la même force dialectique continuant d'agir s'empare de cette troisième idée qui vient de naître, pour en faire sortir, en vertu des mêmes lois, une nouvelle vérité plus spéciale ou mieux déterminée, et par conséquent encore plus vraie que la précédente.

C'est pourquoi, obéissant à cette marche dialectique, j'ai dû donner dans la première partie de ma philosophie toutes les formes ou catégories de l'ÊTRE nommées l'*existence*, la *quantité*, la *qualité*, etc. Et par la même raison que l'étude de l'ÊTRE ou de ses développements a fait l'objet de cette première partie, de même aussi l'étude de la SUBSTANCE et de ses transformations ou de ses modes a dû faire l'objet de la seconde; et c'est toujours poussés par la même force dialectique que nous sommes amenés, dans cette troisième partie, à traiter de la logique subjective qui s'occupe spécialement des IDÉES.

Le sens que j'attache au mot *idée* sera mieux entendu tout à l'heure. Mais nous pouvons dès à présent reconnaître que ce mot, avant d'avoir reçu aucune détermination spéciale, correspond assez bien à celui de *notion*. Sous le nom de logique subjective, cette troisième partie traitera donc des *notions des choses*, tandis que les deux premières, comme nous venons de le dire, avaient pour objet l'*Être* et la *Substance*.

Spinosa a fait de la substance la dernière forme ou la plus élevée des catégories, et il l'a définie l'absolu ou Dieu. Loin d'être fausse, cette identification de la substance avec Dieu est parfaitement juste, et de plus, il faut absolument qu'on la fasse pour que la philosophie puisse aller plus avant et dire que l'absolu ou Dieu est la Notion, c'est-à-dire l'IDÉE. Si Dieu, comme l'a défini

Spinosa, est la substance de toutes choses, je dis, moi, qu'il en est plus que la substance, étant la Notion ou l'Idée des choses. Et cette définition, selon moi, suffit a rétablir le libre arbitre dans l'homme.

Dans le système de Spinosa, le franc arbitre n'a point de place, et l'on a remarqué avec raison que tout homme qui croit que les actions humaines sont le fruit de la liberté, s'élève déjà, par cela seul, au-dessus de Spinosa. Car ce philosophe parle bien du libre arbitre, mais pour en décomposer ou en affaiblir la notion et la subordonner à celle de substance qui, dans sa pensée, est la plus haute de toutes. D'où il suit que la liberté ne tient pas, dans sa doctrine, la large place à laquelle elle a droit de prétendre. En laissant aux mots leur sens naturel, on comprend que cette proposition, *Dieu est la substance*, exclut presque entièrement la possibilité du libre arbitre, tandis qu'il conserve tous ses priviléges lorsque nous définissons Dieu en disant qu'il est l'IDÉE ou la Notion des choses.

Ainsi, dans la première partie de ma philosophie ou de la logique objective, Dieu est l'ÊTRE; dans la seconde, comme dans Spinosa, il est la SUBSTANCE; et dans la troisième, que j'appelle logique subjective, il est l'IDEE ou la Notion des choses, c'est-à-dire la Vérité de toutes choses.

Dire de Dieu qu'il existe ou qu'il est, m'a toujours paru en donner une bien pauvre notion. Car étant tout ce qui est, il est (ou il a) nécessairement l'Être. J'ajoute avec Spinosa qu'il est plus que l'Être, étant aussi la subtance des choses; et plus encore, selon moi, puisqu'il en est la Notion ou l'Idée.

Ce que nous appelons en nous le moi ou l'*individu*, nous offre encore une image de l'Idée. Nous disons que nous avons des idées pour marquer que nous en avons un certain nombre; mais en disant cela, nous savons très-bien que le *moi* n'est autre chose que l'ensemble de nos idées. Le *moi* n'est donc que la totalité ou la *généralité* de nos idées, plus une idée actuelle, d'une nature *particulière*, dans laquelle la notion du général s'unit et se confond à celle du particulier. Car on trouve toujours dans le *moi* l'ensemble ou la *généralité* de nos idées s'unissant au *particulier* et s'enveloppant pour ainsi dire l'un l'autre.

Quand on dit *j'ai une idée*, on s'imagine d'abord qu'une *idée* et le *moi* sont unis, dans cette locution, comme le seraient les deux parties, *sujet* et *attribut*, d'une phrase quelconque; et l'on croit qu'*avoir des idées* est une qualité ou propriété du *moi* qui en a beaucoup d'autres en réserve, et qu'il faut entendre cette locution dans le même sens que l'on dit *j'ai un habit*, cette maison *a une fenêtre* ou *une porte*. Mais pour peu que l'on y réfléchisse, on reconnait bien vite que cette phrase, *j'ai une idée*, ne saurait avoir un pareil sens, attendu que le *moi* n'est pas une chose comme les autres, et que l'*idée* n'est pas une de ses qualités ou propriétés. Kant, le premier, a placé le *moi* dans une sphère plus élevée et l'a mis au-dessus des choses phénoménales en le définissant l'unité primitive et synthétique qui se retrouve et prend conscience d'elle-même dans chaque perception. Et cette partie de la philosophie kantienne qui tente d'approfondir ou d'expliquer l'unité primitive et synthétique du moi, a toujours été regardée comme la plus obscure et la plus difficile à entendre, parce que dans cette partie, en effet, il a réellement et sérieusement essayé de rendre compte des rapports qui existent entre le moi et le monde. Voici comment il pose le problème :

Etant donné, d'une part, les choses extérieures avec leurs qualités ou propriétés diverses, comme d'être sensibles, pesantes, visibles, et de pouvoir, par ce motif, nous contraindre à respecter leur existence ou leur être, rendu manifeste par toutes ces qualités réelles ; et, d'autre part, le moi, qui n'est ni pesant, ni visible, ni susceptible de tomber sous la perception d'aucun de nos sens ; de quelle manière, se demande Kant, peut-il s'établir des rapports entre ces deux mondes opposés, entre les choses palpables ou réelles du monde extérieur et notre moi qui est purement idéal? En d'autres termes, comment peut-il exister des rapports entre la *réalité* et l'*idéalité*, qui, dans l'opinion de Kant, existe seulement dans le moi et non point dans les choses?

Il répond à cette difficulté et justifie l'existence de ces rapports en disant que les quatre formes ou catégories de *quantité*, *qualité*, *relation*, *modalité*, sont les formes générales sous lesquelles les choses individuelles s'introduisent dans le moi, qui, de son côté, est une unité primitivement ou essentiellement synthétique, c'est-à-dire une individualité dont le propre est d'être aussi une généralité. Ainsi le moi qui, par son idéalité, devrait s'opposer à recevoir en lui les choses individuelles, ne s'y oppose plus dès que l'individualité de ces choses se trouve généralisée. Les quatre catégories de *quantité, qualité, relation, modalité,* opèrent cette généralisation et permettent ainsi aux choses extérieures d'entrer dans le moi.

Telle est du moins la solution de Kant.

Dans sa manière de voir, comme dans la nôtre, on trouve donc toujours dans le moi le Général et le Particulier tout ensemble, impliqués ou enveloppés l'un dans l'autre.

Mais le Général et le Particulier ne sauraient être unis l'un à l'autre uniquement dans le moi. Il faut bien que ce double caractère se trouve aussi dans les choses, puisque, comme l'avoue Kant, les choses individuelles n'ont accès dans notre esprit que parce qu'elles sont des généralités, ou parce que le Général fait partie constitutive de leur Individualité. Cette coexistence du Général, du Particulier et de l'Individuel, est précisément ce qui constitue le moi, comme tout ce qui subsiste dans le monde; et les idées ou notions des choses ne sont autres que le moi prenant possession des choses individuelles en leur restituant leur généralité, qui n'existe pas seulement en lui, mais aussi en elles. La simple appréhension d'une chose par les sens, qui est le commencement ou le premier degré de la perception, laisse pour ainsi dire cette chose hors du moi. Mais aussitôt que cette perception devient une *idée*, le moi s'est en quelque sorte introduit dans la chose et a pénétré jusqu'à sa généralité.

Ces remarques faites dans le sens de la philosophie de Kant, me donnent, ce me semble, le droit de dire que le moi, comme toutes les choses qui existent, sont des Généralités, ou plutôt que l'IDÉE se rencontre aussi bien dans les choses que dans le moi sous ces trois formes essentielles : le Général, le Particulier et l'Individuel.

Dans quelques autres parties de sa philosophie, Kant est retombé dans l'erreur commune aux logiciens, qui regardent la notion ou l'idée d'une chose comme une abstraction arbitraire ou fortuite, et qui, par cela même, supposent implicitement qu'une chose peut avoir beaucoup de proprietés essentielles dont le moi n'a pas connaissance. Ainsi, selon ces philosophes, le moi se forme une idée en s'emparant de quelques-unes des propriétés des choses, laissant les autres de côté ou faisant, comme on dit, une abstraction. D'après cette théorie, qui est celle de la plupart des logiciens, la notion ou l'idée ne serait qu'une pâle et faible copie d'un riche modèle.

Sans doute, je l'avoue, il peut se faire que l'idée d'une chose soit d'abord incomplète, et que nous commencions par en saisir fortuitement quelques qualités isolées, n'ayant entre elles aucun lien apparent. Mais je dis que nous arriverons tôt ou tard à la vérité absolue, attendu que nos idées sont parfaitement réelles, et que les choses extérieures n'ont pas reçu le singulier privilége de demeurer toujours et à l'infini en dehors ou au delà de nos idees, qui, dans ce cas, ne pourraient jamais se dire la vérité, mais resteraient a cet etat d'abstraction que les logiciens leur concèdent.

Kant prétend que les idées ou notions des choses nous sont donnees par les formes generales appelees categories ; et il ajoute que grâce à ces formes générales ou catégories qui sont la *quantité*, la *qualité*, la *relation* et la *modalité*, nous faisons une synthèse *à priori* sans aucune coopération des sens. Mais Kant, qui était entré par là sur le chemin de la vérité, n'a pas su tirer de son principe toutes les conséquences qui en découlent. Dans le reste de sa philosophie, il a embrassé, comme je viens de le dire, l'erreur commune qui veut que les idées ou notions des choses soient des abstractions fortuites de l'esprit, et que les choses elles-mêmes nous soient impénétrables.

Marchant plus avant dans la même voie, je suis parvenu à reconstruire la logique, qui conserve dans le système de Kant et des autres philosophes, la forme qu'Aristote lui a donnée lorsqu'il a décrit, et pour ainsi dire raconté, comme simples faits psychologiques, les opérations de l'entendement. Kant lui-même n'a rien fait de plus. Il se borne à constater, à l'aide de l'observation, la présence des quatre catégories de *quantité, qualité, relation, modalité,* dans tous les actes de l'entendement. La philosophie, il faut l'avouer, doit beaucoup à Aristote et à Kant, pour avoir analysé et décrit selon la méthode que nous appliquons aux sciences naturelles, les formes générales qu'ils ont rencontrées dans toutes les opérations de l'esprit humain. Mais il y a lieu de s'étonner qu'aucun philosophe, depuis Aristote, n'ait essayé de ramener ces formes à une même source ou à une commune origine. Fichte est le seul qui ait compris la nécessité de les rattacher à un principe unique, et c'est lui qui m'a montré le chemin.

Voilà comment, conduit par cette idée, j'ai développé dans la première partie de mon système toutes les catégories qui naissent immédiatement de la catégorie générale et primitive de l'ÊTRE; comment, dans la seconde, j'ai poursuivi le développement des catégories dérivées qu'on peut embrasser sous le nom de SUBSTANCE; et comment enfin, dans la troisième, appelée logique subjective, et qui va maintenant nous occuper, nous traiterons de l'Etre et de la Substance parvenus à l'état de Notions ou d'IDÉES.

# CHAPITRE PREMIER.

## DES IDÉES.

Les idées ou notions se présentent à nous sous trois formes, qui sont : le général, le particulier et l'individuel.

Nous avons vu précédemment que les choses ne sont pas seulement des *individues,* mais qu'elles sont aussi des *généralités*. Or, ce que nous appelons la notion ou l'idée d'une chose est précisément cette généralité qui existe dans son individu. L'idée n'est donc ni abstraite ou distincte des choses, ni postérieure à elles, mais elle leur préexiste au contraire. Notre entendement religieux le constate en disant que Dieu a fait le monde de rien, ou que le monde est l'œuvre de la pensée ou des idées de Dieu ; ce qui montre clairement que l'IDÉE a par elle-même une puissance créatrice qui n'a pas besoin, pour se manifester, que les choses soient déjà produites, mais qui précède au contraire leur naissance.

Nous ne saurions reproduire ici toutes les définitions que nous avons données dans les deux premières parties de la logique objective, et en vertu desquelles nous avons pu établir que le *général* et le *particulier* existent, comme nous venons de le dire, dans *l'individu*. Mais, afin de ne laisser aucun doute dans les esprits, nous pouvons faire à ce sujet quelques remarques.

Ainsi, quand nous disons que nous avons l'idée ou la notion d'une chose, nous voulons dire que cette chose, grâce à ses qualités ou propriétés sensibles, a pénétré jusqu'à nous par l'entremise de nos organes ou de nos sens. Mais au lieu de parler seulement de cette chose individuelle, comme c'est notre intention de le faire, nous disons à notre insu et sans le vouloir que nous en avons pris ou reçu une notion générale. Car, bien qu'à l'instant même où cette chose vient frapper nos sens, l'acte d'appréhension ou de perception que nous faisons pour la saisir ne porte que sur son individualité, cependant il est si vrai que la généralité s'y trouve unie d'une manière inséparable, que nous n'avons aucun moyen de ne parler que de son individualité, et que, pour la désigner, nous sommes contraints d'avoir recours à des idées ou notions générales. Or, puisque, d'une part, le langage est le véhicule de la pensée ; et puisque, d'autre part, la pensée ou le *moi* est une chose générale qui ne peut rien admettre dans son sein qui ne soit de même nature qu'elle, ou qu'elle ne le rende identique à elle en se l'appropriant ; il s'ensuit que quand nous prenons idée d'une chose, c'est le général qui est en elle que nous saisissons, ou plutôt nous restituons à son individualité la généralité qui s'y trouve cachée ou contenue, et que nos sens n'avaient pu saisir.

Lorsque je dis, par exemple, *ce livre, cette maison*, à coup sûr j'ai l'intention de désigner une chose individuelle, et pourtant je n'y réussis pas ; il m'est tout à fait impossible de dire ce que je veux dire et de ne dire que cela ; car malgré moi j'associe la notion générale *livre, maison*, à une autre notion générale exprimée par les mots *ce, cette*, ou par tout autre signe du discours ou du geste qui convient aussi bien au livre qu'à mille autres choses. Mes sens se sont arrêtés sur une chose singulière ou individuelle, sur une seule chose en un mot, et cependant je ne puis la désigner ni dire ce qu'elle est sans éveiller des idées générales.

Il est donc faux de dire que, parmi nos idées, les unes sont générales, les autres particulières, et d'autres encore individuelles. Il n'y a point, et il ne saurait y avoir de notions individuelles, par cette seule raison que le général et le particulier subsistent toujours dans l'individu. Ils y demeurent comme ensevelis et cachés jusqu'au moment où les idées viennent les en tirer pour les mettre au jour. Toute chose *individuelle* est donc en même temps *générale* et *particulière*, et cette union du général et du particulier dans son sein est précisément ce qui constitue sa notion propre ou son individualité, qui n'en est ainsi, comme on le voit, que le produit ou l'image.

Contrairement à ce qui précède, les logiciens s'efforcent d'établir que les noms d'homme, d'animal ou de chose, comme *Cicéron*, *Martin*, *Bucéphale*, sont ce qu'ils appellent des notions, c'est-à-dire des notions individuelles, et que toute la différence qu'il y a dans les notions, entre les générales, les particulières et les individuelles, provient de ce que ces dernières sont entièrement représentatives de la chose désignée, servant à marquer l'ensemble ou la totalité de ses attributs, tandis que les premières, suivant eux, n'auraient pas la même étendue et ne serviraient qu'à désigner quelques attributs plus ou moins essentiels ou caractéristiques, laissant de côté d'autres qualités non moins importantes, et qui se trouvent spécifiées toutes ensemble, disent-ils, dans les notions individuelles. D'où il faudrait conclure avec eux que les notions générales sont plus incomplètes ou moins vraies que les autres, et d'autant plus incompletes qu'elles sont plus générales. Et c'est précisément pour cela, ajoutent-ils, qu'on peut appliquer la même notion générale a plusieurs choses et non pas seulement à une seule. Ainsi, plus les idées sont élevées, dans cette hypothèse, plus elles s'écartent de la réalité ou de la vérité, et plus elles sont susceptibles, par conséquent, de s'appliquer à un grand nombre de choses. D'où nous sommes obligés de tirer cette règle générale que plus les notions se généralisent ou s'étendent, plus elles perdent de leurs propriétés ou de leur réalité; ce qui, de déduction en déduction, nous conduit à conclure que la notion dernière ou notion de Dieu, qui devrait être la plus complète ou la plus riche de toutes, se réduit à celle de l'Être suprême, qui est la plus pauvre de toutes.

Fort heureusement, il n'en est point ainsi. Il est digne des temps barbares de croire que les mots *Bucéphale* ou *Martin* expriment des idées ou notions, et de dire que ces prétendues notions sont plus riches que les autres parce qu'elles expriment des choses individuelles. Les idées les plus générales ou les plus élevées, loin d'être, pour cela seul, les plus pauvres de toutes, sont au contraire les plus riches.

Ne voyons-nous pas, dans l'ordre de la nature, que les notions supérieures sont en effet plus riches ou plus complètes que les autres? L'idée *plante*, par exemple, pour commencer par celle-là qui passe pour très-simple, se retrouve tout entière, mais à un degré plus élevé, dans la notion d'*animal*, qui se retrouve à son tour, et à un degré plus élevé encore, dans la forme du *corps humain*, qui est la plus riche de celles où la nature peut s'élever, et qui contient toutes les autres parce qu'elles sont moins riches qu'elle, et d'autant moins riches qu'elles lui sont plus inférieures. Après celle-là, nous voyons apparaître une nouvelle notion, celle de *l'intelligence humaine*, qui se développe ou s'élève à son tour de plus en plus, pour nous offrir la manifestation complète de l'IDÉE. Et cette vérité, que les notions inférieures ne contiennent pas plus de réalité que les notions supérieures dans lesquelles elles sont elles-mêmes contenues, cette vérité, déjà bien manifeste dans l'ordre de la nature, va nous apparaître sous un jour plus éclatant dans la sphère des choses intellectuelles qui comprend l'Éthique et les autres sciences morales. Cet ordre de choses est, par lui-même, tellement supérieur à celui de la nature, que la beauté de l'univers, la splendeur des cieux, les lois immuables qui dirigent les planètes et leurs satellites ne sont rien et ne donnent qu'une image bien affaiblie de l'Idée, en comparaison de celle que nous offre l'esprit humain. Car une idée, même absurde, dans la tête d'un sot, a plus de valeur que toutes ces lois ensemble, attendu qu'elle procède d'une activité volontaire et libre qu'on ne trouve point dans le mouvement des astres.

Ainsi que nous venons de le dire, c'est surtout dans la sphère des sciences morales et de l'Éthique, qui est la plus élevée de toutes, que l'on voit les notions les plus générales avoir aussi le plus d'étendue ou de contenu, et embrasser un plus grand nombre de choses sans être, pour cela, plus fausses ou plus pauvres. Ainsi l'idée de religion ne repond pas seulement au sentiment de soumission ou de dépendance qui enfante les cultes barbares, et qui se rencontre aussi bien chez les peuples primitifs que chez les nations civilisées, mais elle a encore une signification beaucoup plus élevée ou plus riche. Et si nous prenons pour second exemple l'ensemble des institutions politiques qui constituent la notion de l'Etat, il est clair que ces institutions ne pourraient pas être regardées comme ayant atteint le plus haut degré de perfection ou de réalité qu'elles comportent, si on les concevait selon l'idée que s'en forment les peuplades de l'Afrique, qui peuvent bien donner comme nous le nom d'Etat aux premiers essais d'institutions naissantes, à l'ombre desquelles ils s'accoutument à vivre en commun.

Ce que nous avions à dire des idées dans ce premier chapitre, où elles s'offrent à nous sous la forme de simples notions, se trouve à peu près épuisé. Elles sont générales ou particulières, et, à ce titre, elles existent dans les choses individuelles. Enfin elles ne sont ni abstraites ni distinctes des choses dans lesquelles elles existent. L'IDÉE est d'abord générale; mais sa propre force dialectique l'obligeant à se déterminer, elle devient particulière en se niant pour ainsi dire elle-même; et cette particularisation, qui est la négation du général, se manifeste ou vient à l'existence sous forme d'individu. Le particulier et l'individuel ne sont donc pas séparés ou distincts du général; c'est lui au contraire qui prend ces deux formes sans changer pour cela de nature; il se particularise et s'individualise, mais en restant toujours ce qu'il était d'abord.

Les distinctions que l'on a coutume de faire entre les notions *claires* et *obscures*, *adéquates* et *inadéquates*, *complètes* et *incomplètes*, *coordonnées* et *subordonnées*, *positives* et *négatives*, *etc.*, sont, ou bien la répétition des formes que nous avons étudiées dans la logique objective, ou bien des choses vides de sens. Rien n'autorise l'introduction de pareilles distinctions dans les traités ordinaires; et cette logique commune qui affirme l'existence d'idées claires et obscures, complètes et incomplètes, etc., sans la prouver ni montrer la connexion ou le rapport que ces prétendues variétés d'idées devraient avoir entre elles, cette logique, en vérité, donne par là aux autres sciences un fort mauvais exemple. Elle leur impose une rigueur de déduction qu'elle n'observe pas elle-même, puisqu'elle viole la première règle qu'elle établit à leur usage, qui est de ne rien admettre dont la nécessité ne soit démontree.

La philosophie de Kant commet aussi cette faute, et de plus une inconséquence. Car dans la première partie de la logique, il dit sans justifications ni preuves, qu'il a trouvé quatre catégories ou notions fondamentales qui sont : la *quantité*, la *qualité*, la *relation* et la *modalité;* et plus tard, dans la seconde partie de sa logique, appelée logique transcendantale, il reproduit ces catégories en disant expressément qu'il les emprunte a la première partie où elles ont été primitivement trouvées. Mais, puisque la philosophie de Kant déclare elle-même, dans cette premiere partie de la logique, que ces catégories sont trouvées *à posteriori* ou empiriquement, il est clair que la logique transcendantale n'avait pas besoin de nous renvoyer a cette premiere partie, mais qu'elle devait simplement avouer que les catégories sont empiriquement découvertes.

En réalité, Kant parle des catégories sans pouvoir dire d'où elles viennent; mais il a senti le besoin d'en rechercher l'origine, et c'est pour cela que, quand il y revient dans sa philosophie transcendantale, il dit qu'il les tire d'une autre partie de sa doctrine où leur nécessité n'est cependant pas mieux établie. Les logiciens commettent précisément la même faute lorsqu'ils supposent entre les idées ou notions des distinctions dont ils ne montrent pas le principe. La plupart de ces distinctions, comme celles que l'on fait entre les notions *claires* et *obscures*, *adéquates* et *inadéquates*, *complètes* et *incompletes*, auxquelles on en ajoute même de *supercomplètes*, introduisent dans la logique des vues psychologiques qui lui sont tout à fait étrangères.

Si l'on veut appeler *adéquates* les notions qui s'accordent avec la réalité, et *inadéquates* celles qui ne s'y accordent point, nous pourrons consentir cette définition parfaitement conforme à ce que nous avons dit précédemment des notions. Mais quant à la distinction entre les idées *claires* et *obscures*, la logique ne saurait en faire grand cas, et la psychologie pourrait tout simplement remarquer que les idées claires ont seules le droit de prendre le titre d'idées, attendu que les notions obscures ne sont point des notions, mais plutôt des sentiments; et ces distinctions, dans tous les cas, ne font rien à l'avancement de la science.

Pour nous, nous croyons avoir établi que le général n'existe pas seulement en lui-même, mais aussi dans l'individu. Les logiciens qui affirment l'existence de notions dont les unes seraient seulement générales et les autres purement individuelles, ne remarquent point que pour qu'une semblable distinction fût admissible, il faudrait que le général et l'individuel ne fussent point subordonnés l'un à l'autre, mais qu'ils fussent au contraire équivalents, et placés pour ainsi dire l'un en face de l'autre, sur la même ligne, ce qui n'est point.

Pour éclaircir ceci par un exemple, je citerai les trois formes de la logique objective qu'on nomme *identité, différence, causalité.* L'erreur commune à tous les logiciens est de croire que ces trois catégories, et les trois règles qu'on en peut déduire, sont entre elles dans un rapport d'égalité ou d'indépendance l'une à l'égard de l'autre, tandis qu'elles sont en réalité subordonnées l'une à l'autre.

Ainsi, de la première forme, qui est celle de l'IDENTITÉ, ils commencent par tirer cette première règle : *Toute chose est identique à elle-même.*

Puis, de la seconde forme, qui est celle de la DIFFÉ-

RENCE, ils tirent cette seconde règle : *Il n'y a pas deux choses identiques dans le monde.*

Enfin, de la troisième forme qui est celle de la CAUSALITÉ, ils déduisent cette troisième regle : *Toute chose a sa cause.*

Et les logiciens se figurent que ces trois règles peuvent aller de pair, sur la même ligne, et tenir le même rang par rapport à la vérité, absolument comme lorsqu'on divise la notion d'ARBRE en *chênes, hêtres* et *peupliers,* qui sont tous les trois et au même titre des arbres, ayant pour ce motif le même droit à en prendre le nom, et se trouvant dans la même relation ou sur la même ligne par rapport à la notion générale d'arbre qui les embrasse tous les trois egalement. Les logiciens, disons-nous, s'imaginent que les trois règles d'*identité,* de *différence* et de *causalité,* sont chacune par rapport a l'IDEE ou à la vérité dans la même relation d'egalité que le *chêne,* le *hêtre* et le *peuplier* par rapport à la notion d'ARBRE. Mais il n'en est absolument rien. Je soutiens, et j'ai prouvé dans ma logique objective que ces trois regles, comme toutes les catégories en général, sont progressives, et par conséquent subordonnées l'une a l'autre, ou pour mieux dire, que l'une nous rapproche plus que l'autre de la vérité, attendu que la seconde est plus élevée ou plus vraie que la première, et la troisieme encore plus vraie que la seconde. Car en remarquant seulement que *toutes choses sont ce qu'elles sont* (première règle), nous ne savons absolument rien du monde en général, dans lequel chaque chose subsiste. En disant qu'*il n'y a pas deux choses identiques dans le monde* (seconde règle), nous avançons; et disant enfin, *chaque chose a sa cause* (troisième règle), nous corrigeons l'imperfection des deux premières.

Ces vérités nous apparaîtront sous un jour plus éclatant, si nous les traduisons en chiffres selon la coutume des logiciens. La première : *Toute chose est identique a elle-même*, se formulera ainsi :

tout A est A.

La seconde : *Il n'y a pas deux choses identiques dans le monde*, aura cette figure :

aucun A n'est B.

Et la troisième : *Toute chose a sa cause*, nous dit que A n'est pas seulement A, comme le veut la première regle, mais qu'il est aussi B, dont il est le produit ou l'effet, et avec qui, pour ce motif, il faut bien qu'il ait un rapport de ressemblance ou d'identité, ce qu'ignore la première règle et semble nier la seconde, qui nous montre, à son tour, qu'aucun A ne saurait exister seul et pour lui-même dans le monde, ainsi que la première règle le laissait supposer. Ainsi, tandis que cette première règle nous dit que A *est* A, la seconde que A *n'est pas* B, la troisième nous dit que A *est* B, puisque ce dernier est la cause du premier.

On voit clairement, par là, que ces trois règles ne sont point, comme le pensent les logiciens, de même valeur ou à distance égale de la vérité, et qu'on ne saurait les mettre sur la même ligne. C'est exactement la même faute qu'ils commettent quand ils divisent les notions en *générales, particulières* et *individuelles*, nous présentant ces trois classes d'idées comme trois branches pour ainsi dire collatérales, au même degré, n'ayant entre elles que des rapports d'égalité ou d'indépendance, tandis qu'il y a subordination ou progression de l'une à l'autre, parce que le général et le particulier existent tous les deux dans l'individu. D'où il suit que les idées ou notions ont une tendance à s'associer ou à s'unir ; ce qu'elles font en devenant JUGEMENTS. Ce premier chapitre nous montre donc en finissant que les notions, grâce à la force dialectique qui leur est propre, se transforment d'elles-mêmes en JUGEMENTS.

## CHAPITRE II.

### DES JUGEMENTS.

La transition d'un chapitre au suivant ne doit pas être arbitraire et fortuite, mais se faire par le développement naturel du sujet. On s'est contenté jusqu'ici, dans la philosophie comme dans toutes les sciences, de suivre les divisions des matières qu'on avait à traiter, sans penser même à justifier la méthode et la necessité de ces divisions. Il n'en est point ainsi dans la doctrine absolue; ce ne sont point des divisions plus ou moins accidentelles qui déterminent sa marche; c'est la force dialectique qui la conduit et la pousse.

Nous avons vu, en commençant, comment cette force dialectique nous mène d'un seul point de départ aux autres catégories traitees dans les deux premières parties de la philosophie. Nous savons déjà qu'une idée primitivement posée s'oppose une négation, qui produit à son tour une nouvelle idée nécessairement mieux définie ou plus vraie que la première. Dans cette troisieme partie appelée logique subjective, c'est toujours cette même force dialectique qui nous fait passer du premier chapitre au second, du second au troisième, sans que le lecteur, non plus que nous, aidions en rien à ce mouvement. Mais ici, dans la logique subjective, la force dialectique qui nous pousse ne consiste plus tout à fait dans une négation opposée à une affirmation, mais plutôt en ce que la vérité d'une chose ou d'une idée que nous posons d'abord, se manifeste ou se découvre plus expressément dans sa seconde évolution, et plus encore dans la troisième; et ainsi, de degré en degré, nous parvenons à une chose ou a une idée qui, sans avoir subi aucun changement ni cessé d'être ce qu'elle était d'abord, nous découvre cependant sa vérité tout entière et nous révèle d'une manière explicite ou complete ce qui, au début, n'était que d'une manière implicite et pour ainsi dire latente dans son sein.

Le développement des organismes, dans la nature, correspond a ce développement de la force dialectique dans la logique subjective. Ainsi la graine devient la plante, sans pourtant en avoir en elle le modèle infiniment petit ; et c'est dans le même sens qu'il faut entendre les idées innées qui se développent, et comprendre Platon lorsqu'il dit qu'apprendre est se ressouvenir. Le développement n'est, en effet, qu'un jeu de la vie, par lequel ce qui est devient, sous une autre forme, ce qu'il était déjà virtuellement. C'est une marche, une progression, un mouvement de l'un vers l'autre ; mais l'un et l'autre ne sont pas, pour cela, différents de ce qu'ils étaient d'abord. C'est ainsi que les *jugements*, dont nous avons maintenant à parler, ne font que mettre au jour ou rendre éclatant ce que les *notions* tenaient caché dans leur sein. En d'autres termes, ce sont les notions qui, en devenant jugements dans ce deuxieme chapitre, disent d'elles-mêmes ce que *nous* en avons dit tout à l'heure.

La methode dialectique nous offre, dans chacune de ses évolutions, trois phases ou temps d'arrêt, qui sont : *thèse*, *antithèse*, *synthèse*, ou pour mieux dire : la *forme abstraite*, dans laquelle l'idée se pose d'une manière générale ; la *forme dialectique*, dans laquelle l'idée, obeissant à sa propre force, s'oppose ou se nie elle-même ; et la *forme spéculative*, dans laquelle elle se dégage et sort tout à fait pure. La première partie de la logique subjective, traitant des notions, nous laisse dans l'abstrait; la seconde, qui s'occupe des jugements, nous introduit dans la dialectique; et la troisième, consacrée au raisonnement, nous fera pénétrer dans la forme spéculative. L'Idée, sous la forme de jugement, n'est donc pas encore bien vraie, mais elle est déjà plus vraie que sous la forme générale de notion.

Tout jugement est donc l'Idée se développant sous ses trois formes de *général*, de *particulier* et *d'individuel*. Et, de même que nous avons fait voir dans le premier chapitre, que les notions existent dans les choses, ce qui nous a permis de conclure que les choses sont des idées ou notions vivantes; nous disons de même ici que les jugements existent dans les choses ou plutôt que les choses sont des jugements réalisés, et que leur individualité et leur généralité, qu'on pourrait appeler leur corps et leur âme, deviennent aussi distinctes en elles que dans les jugements.

Cette distinction prend toujours la forme de *sujet* et de *prédicat* que nous allons maintenant préciser.

Quand une question quelconque s'offre à mon esprit, la réponse me donne nécessairement un *sujet*, dont je ne sais rien, et qui n'est rien non plus qu'un simple mot sur lequel j'arrête mon attention pour en trouver le *prédicat*. Ce qu'évoille en mon esprit la prononciation du nom que je donne au sujet, est purement accidentel ou historique, et ne devrait pas exister puisque le jugement que je dois porter n'existe pas encore. Ce n'est donc qu'un son, un suppôt, une chose posée sans attributs ni qualités, qui va recevoir sa détermination, mais qui ne l'a pas encore, et qui, par conséquent, n'est absolument rien par elle-même. C'est pourquoi les scolastiques, qui n'avaient pas conscience de cette vacuité du sujet, ne pouvaient, dans leurs disputes, aboutir à rien. Car ces logiciens et tous les modernes, à leur exemple, disent au contraire, ou tout au moins laissent supposer, que les deux termes qu'on a nommés les extrêmes du jugement, le sujet et le prédicat, sont deux choses ou substances également réelles, ayant la même valeur, existant au même titre et sur la même ligne, se rencontrant ici ou là dans le monde, à une certaine distance l'une de l'autre, et que l'intelligence de l'homme unit ou rapproche en faisant un jugement. Or, cette hypothèse est déjà en contradiction manifeste avec l'opinion commune et avec la langue, suivant laquelle la copule *est*, qui joint le sujet au prédicat, dit que le premier *est* le second ; ce qui montre bien que l'acte de notre esprit, appelé jugement, ne réunit point deux choses qui, sans lui, seraient séparées, mais au contraire qu'il sépare ou divise en deux parties nommées *sujet* et *prédicat*, des choses ou des notions qui, par elles-mêmes, sont en même temps ce que marque le sujet et le prédicat. Le jugement est donc un acte de l'esprit par lequel nous divisons en sujet et en prédicat une idée ou une chose qui n'avait pas encore été partagée, avant cet acte, en ses deux parties constitutives. Ainsi, la copule *est* marque non-seulement une conjonction, mais une disjonction, non-seulement une identité, mais une différence entre le sujet et le prédicat, qui, par elle, sont à la fois unis et séparés. C'est une chose totale ou *une*, coupée pour ainsi dire en deux par le jugement, qui nous la fait voir sous la forme de sujet et de prédicat. Aux yeux du grammairien, le sujet et le prédicat ont une existence indépendante et distincte; mais, dans la logique comme dans la réalité, il n'en est absolument rien. Le prédicat *est* le sujet; ou plutôt la chose *est* actuellement le sujet et le prédicat tout ensemble; ce qui veut dire qu'elle n'est pas seulement notion comme dans le premier chapitre, mais qu'elle est aussi jugement. Et par là elle ne diffère point de ce qu'elle était d'abord, puisqu'il est évident qu'elle n'a point changé; mais elle se manifeste seulement d'une manière plus complète ou plus explicite, puisque les jugements, comme nous l'avons déjà dit, ne sont que des notions développées. Du reste, cette nature du jugement s'éclaircira de plus en plus sous les quatre formes, dont nous aurons à en parler, qui sont : le jugement *qualitatif*, le jugement *réfléchi*, le jugement *nécessaire* et le jugement *idéal*.

Mais, avant d'y arriver, nous devons remarquer que le caractère essentiel de tout jugement, quelle que soit sa forme, est d'exprimer qu'une chose *individuelle*, posée comme sujet, *est* une notion *générale* donnée comme prédicat ; ce qui veut dire, en d'autres termes, que la *généralité* marquée par le *prédicat* est (ou existe) dans la chose *individuelle* exprimée par le *sujet*. Or, c'est là précisément ce que nous avons déja vu dans le premier chapitre en traitant des notions ; et cela nous prouve une fois de plus que la forme appelée jugement ne sert qu'à rendre cette vérité manifeste ou à la mettre en évidence. C'est ainsi que la graine, en se développant, fait un jugement, puisqu'elle pousse hors d'elle-même ce qui était virtuellement enfermé dans son sein. Et comme tout jugement nous dit que le sujet *est* le prédicat, il s'ensuit que toute chose est nécessairement un jugement réalisé, puisqu'on trouve toujours en elle, qui est une chose individuelle, non-seulement son individualité, mais aussi la généralité qui s'y cache, c'est-à-dire les deux extrêmes qui constituent un jugement. D'où il arrive nécessairement aussi que, dans tout jugement, le sujet ou la chose individuelle est élevée à la sphère de son prédicat, et que le prédicat ou le général, à son tour, est mis en existence ou réalisé par le sujet. L'objet caractéristique de tout jugement est donc de faire apparaître chaque chose sous son double aspect, ou comme étant à la fois individuelle en soi et générale dans l'Idée.

Croirait-on que les logiciens n'ont jamais remarqué cette vérité, pourtant bien manifeste, que tout jugement exprime qu'une chose spéciale ou individuelle, prise pour sujet, *est* une généralité quelconque prise comme prédicat. S'il en est ainsi, il faut reconnaître qu'une énonciation, qui décrit une chose individuelle en signalant des caractères servant à la faire reconnaître, sans exprimer aucune généralité, ne constitue pas un jugement, ce qui est également bien manifeste. Ainsi quand on dit : *Aristote est mort dans la quatrième année de la cent quinzième olympiade, âgé de soixante-treize ans*; ou bien : *César est né à Rome; il a fait la guerre des Gaules pendant dix ans et a passé le Rubicon*, etc.; l'ensemble de semblables énonciations ne constitue pas une proposition ou un jugement; et il est étrange de voir les logiciens se donner une peine infinie et transcrire ces dénombrements de mille manières pour en tirer quelque chose qui ressemble à un jugement. Ils se croient même obliges de décomposer et de travestir tant bien que mal, en forme de jugements, des phrases comme celle-ci : *J'ai bien dormi; portez armes; une voiture passe sur le pont*, etc. Sans doute, ces énonciations peuvent être, en certains cas, des jugements, comme lorsqu'il y a une incertitude ou un doute à lever, et que l'on demande : *Est-ce une voiture qui passe sur le pont?* ou bien : *Cette voiture, qui paraît avancer, est-elle réellement en mouvement? Est-ce elle qui se déplace ou nous qui marchons?* Dans tous ces cas qui *proposent* un doute, il y a nécessairement l'expression d'une *proposition* ou d'un jugement pour le moins subjectif.

Il ne faut donc point confondre deux choses essentiellement distinctes : les enonciations, dans lesquelles une chose individuelle se trouve déterminée par une notion générale, constituent seules un jugement; les autres ne méritent pas ce nom et sont de simples dénombrements. Nous devons nous rappeler, à ce propos, que, dans l'étude des notions, nous avons aussi rencontré de prétendues notions dites individuelles par les logiciens, mais qui, dans la réalité, ne meritaient pas ce nom.

Tout jugement embrasse donc la double nature des choses, c'est-à-dire leur individualité d'une part, et d'autre part leur généralité ou le rapport intime et nécessaire qu'elles ont à l'Universel. On peut toujours dire que le prédicat emplit le sujet en exprimant son contenu, et qu'il vient en quelque sorte combler l'espace marqué par ce cadre vide. Ainsi, dans cet exemple : *Dieu est tout-puissant,* c'est le prédicat *tout-puissant* qui nous dit ce qu'est le sujet, *Dieu,* dont l'existence est posée, mais qui, sans le prédicat, ne serait qu'un son, un mot vide de sens. Voilà pourquoi j'ai omis, dans toute ma logique objective, de parler sans cesse du sujet, et de présenter les catégories de *quantité, qualité, relation,* etc., comme des prédicats dont le sujet aurait été l'Absolu ou Dieu.

Dans l'exemple qui précède, *Dieu est tout-puissant,* le prédicat *tout-puissant* ne dit pas tout ce que le sujet peut être ; on néglige à dessein ce qu'il peut être encore au delà de ce que marque le prédicat sur lequel repose toute la valeur du jugement.

Contrairement à ce que nous avons établi, les logiciens définissent le jugement qualitatif en disant qu'il marque la comparaison faite par l'esprit entre deux notions, et la connaissance qu'il en tire qu'elles conviennent ou ne conviennent pas entre elles ; négligeant ainsi ce qui mérite justement le plus d'attention, à savoir que tout jugement accouple une chose individuelle à une notion générale. Leur définition permet en outre de donner le nom de jugement à toute comparaison etablie entre deux choses individuelles. Mais cette comparaison, quand bien même elle serait possible sans le concours de notions générales, et quand bien même on la répéterait des milliers de fois, ne constituerait jamais un jugement.

Nous venons de voir que les jugements sont des énonciations dont le caractère essentiel est d'exprimer les choses individuelles à l'aide de notions générales. Or, cette généralité avec laquelle la chose individuelle se trouve mise en rapport, peut lui être inhérente comme une qualité saisissable par simple appréhension ou APERCEPTION; mais elle peut aussi être telle qu'il faille la RÉFLEXION pour la dégager et la saisir ; ou bien encore lui être NÉCESSAIRE ; ou bien enfin se confondre et s'unir avec elle d'une manière si intime qu'elle en soit vraiment l'essence ou l'IDÉE. De la les quatre formes de jugements dont nous aurons successivement à parler, qui sont :

Le jugement qualitatif ou de simple aperception ;
Le jugement refléchi ;
Le jugement nécessaire ;
Et le jugement idéal.

### I. — JUGEMENT QUALITATIF OU D'APERCEPTION.

Les jugements d'aperception affirment ou nient une qualité. De là leur division naturelle en jugements *affirmatifs* et jugements *négatifs*. Mais sous cette première forme purement qualitative, le jugement n'est pas encore développé ; il ne peut encore exprimer ou rendre manifeste tout ce qu'il contient, puisque le sujet, qui n'est rien par lui-même, est ici supposé la chose essentielle, et le prédicat, au contraire, comme n'étant rien en soi et ne s'y trouvant uni que d'une manière accidentelle.

L'une des plus grandes erreurs des logiciens est de croire qu'une proposition comme celle-ci : *Ce violet est bleu ou non bleu*, embrasse nécessairement dans l'une de ses deux alternatives la vérité ; tandis qu'elle peut être vraie ou fausse en soi, sans atteindre pour cela la vérité ou la réalité des choses. Car ce qui est juste n'est pas toujours vrai. On peut fort bien dire : *Un homme est malade, quelqu'un a volé,* sans blesser l'exactitude ; et pourtant, ce qui est contenu dans ces jugements ne saurait être vrai d'une vérité absolue, puisqu'un organisme malade ne répond plus à l'idée que nous devons avoir de l'organisme ou n'est plus un véritable organisme, comme le vol, à son tour, n'est point un acte qui entre dans la vraie notion de la vie humaine. Un jugement ou une notion juste n'est donc pas nécessairement vrai. Les philosophes n'ayant pas conscience de cette distinction, ont disputé pour des chimères lorsque, posant gravement la question de l'immortalité de l'âme, ils ont dit que l'âme devait être *simple* ou *composée*. De bonne foi, ils n'y songeaient point; car il se pourrait que l'âme ne fût ni l'un ni l'autre, mais tous les deux ensemble, ou bien encore qu'elle eût une tout autre nature que celle comprise entre ces deux mots. Le violet ou le cristal pourront bien se déterminer d'une manière suffisante par ces jugements qualitatifs, *bleu* ou *non bleu*, *simple* ou *non simple*, etc., mais l'âme peut être au-dessus de ces alternatives.

Le caractère de cette première forme de jugement est de n'en avoir aucun qui lui soit propre, ou qu'on ne retrouve aussi bien dans le jugement qualitatif que dans ceux de la deuxième, troisième et quatrième forme. Car ce jugement se borne à dire que la chose individuelle I, *est* une généralité G ; ce qui se formule ainsi :

I — G.

*ce violet* est *bleu*,

ou l'*individuel* violet EST la *généralité* couleur bleu.

Mais cette énonciation qui nous dit qu'une individualité *est* une généralité, se retrouve encore dans le même jugement sous une autre forme. Car cette proposition : *Le violet est bleu*, exprime deux choses à la fois : la première, que le violet est un tout doué de plusieurs qualités ; la deuxième, qu'il a celle d'être bleu. Mais on voit aussi que ce jugement n'exprime pas d'une manière explicite que le violet, outre la qualité qu'il a d'être bleu, en a encore plusieurs autres ; comme il ne dit pas non plus que la couleur bleu peut convenir à d'autres choses individuelles que le violet. Ces vérités sont sous-entendues, ou pour mieux dire, enveloppées et contenues implicitement dans cette première forme de jugement qui, ne manifestant point par elle-même son imperfection, ne saurait par conséquent être vraie.

Il en est de même des jugements négatifs qui disent : *Ce violet n'est pas rouge*. Mais ce jugement en nous disant que *ce violet n'est pas rouge*, nous dit aussi implicitement qu'il a une couleur ; ce qui nous fait voir que tout jugement négatif est nécessairement affirmatif.

L'insuffisance que trahit la forme de ces deux sortes de jugements, se trouvera corrigée si nous faisons les deux termes extrêmes de la proposition, le sujet et le prédicat identiques :

*ce violet bleu* est *un violet bleu.*

Mais ceci n'est plus un jugement; c'est simplement une tautologie. Nous avons bien eu l'intention de porter un jugement, mais cette intention ne s'est point réalisée; et il en est de même de tous les jugements négatifs qu'on appelle vulgairement impossibles ou infinis, comme : *Cette table n'est pas un animal; la raison n'est ni bleue ni ronde; la rose n'est pas une planète,* etc.; propositions qui sont incontestablement fort justes, mais qui ne sont point des jugements, attendu que le prédicat qui, dans le cas de tautologie, est absolument identique au sujet, se trouve ici absolument différent. L'intention de juger, c'est-à-dire de mettre un sujet individuel I en rapport avec un prédicat général G, n'a pu s'effectuer, puisque, dans ces exemples, il n'y a point de rapports entre les deux termes. Dans ces sortes de propositions la différence entre le sujet et le prédicat, comme entre *rose* et *planète,* est pour ainsi dire trop grande, tandis que dans le cas de tautologie elle est trop petite, puisqu'elle est nulle. Les logiciens se moquent volontiers de ces jugements négatifs infinis, *la rose n'est pas une planète,* etc., et pourtant cette forme de jugements n'est pas aussi artificielle qu'ils semblent le croire. Elle est au contraire le résultat futile, mais fatal, où viennent nécessairement aboutir tous les jugements qualitatifs dont nous venons de parler, et dont ils s'occupent avec tant de gravité. Et ceux-là même dont ils se moquent existent réellement. Car un crime n'est autre chose qu'un jugement négatif infini, puisque le criminel ne nie pas seulement le droit d'un autre individu, mais tout le droit de l'État; et c'est pourquoi on ne restitue pas seulement le produit du vol au propriétaire primitif, comme dans le cas d'une réclamation mal fondée, mais on punit en outre le voleur comme criminel, pour avoir nié le droit de tous en niant le droit d'un seul. La mort est un autre exemple de jugement négatif infini, tandis que la maladie est simplement un jugement négatif; car dans la mort, l'âme et le corps, le sujet et le prédicat, sont séparés l'un de l'autre de manière à n'avoir plus entre eux aucun rapport.

Ce n'est donc point en faisant les deux termes identiques, que ces jugements qualitatifs peuvent corriger leur imperfection, puisque dans ce cas, il y a tautologie, et que, d'autre part, lorsque le jugement négatif ne cache plus un jugement affirmatif, ou lorsque les deux extrêmes sont absolument dissemblables, il n'y a plus de jugement. Et pourtant c'est dans la forme et non dans le contenu qu'il les faut corriger, puisque l'imperfection ne s'est trahie que dans la forme. C'est ainsi que la force dialectique nous conduit de cette forme à la suivante.

### II. — JUGEMENTS RÉFLÉCHIS.

La forme qui précède nous dit que le sujet n'existe pas seul, mais qu'il a un prédicat, c'est-à-dire un rapport à une chose qui existe hors de lui. Le jugement réfléchi a pour objet de traduire explicitement cette vérité. Les mots comme *utile, dangereux, instinct, gravitation*, etc., etc., qui supposent tous un acte de *réflexion* et non plus de simple *aperception*, servent à formuler les jugements de cette classe, dans lesquels le général devient l'expression du rapport établi entre deux choses différentes.

Dans les jugements précédents, nous disions, par exemple, *ce violet ou cette fleur est bleu*, et par là nous considérions le sujet ou la chose individuelle I, comme existant par elle-même; dans le jugement réfléchi, au contraire, en disant, par exemple, *cette plante est salutaire*, outre la chose en elle-même, nous pensons toujours à quelque autre chose, comme à la maladie que la plante peut guérir. La plupart des raisonnements qu'inspire le sens commun se font avec des jugements de cette famille ; car plus une chose est concrète, plus elle offre de rapports que l'on peut formuler sous de pareils jugements.

Dans les jugements de la première forme, le sujet ou l'individuel I était regardé comme la chose principale et à laquelle le prédicat ou le qualitatif semblait seulement adhérer. Dans la deuxième, au contraire, c'est le prédicat ou le général G qui devient le plus important, tandis que le sujet paraît seulement lui être inhérent, comme on peut le voir dans ces exemples :

*Le bonheur* humain.....
*L'homme est* mortel.
*Toute matière est* pesante.
*Toutes choses sont* périssables.
*Certaines formes de la matière*
*sont* élastiques, etc.

Dans ce dernier jugement nous disons que l'élasticité est une propriété qui convient plus ou moins à toutes choses, mais plus particulièrement à quelques-unes. Le sujet a donc perdu le caractère purement individuel qu'il avait dans la forme précédente, pour devenir général et changer pour ainsi dire de rôle avec le prédicat, qui, précédemment, avait seul fonction d'exprimer une notion générale vis-à-vis de son sujet exprimant une chose individuelle. Par là les rôles du sujet et du prédicat cessent d'être différents; le général et l'individuel peuvent se substituer l'un à l'autre. Mais, quand nous disons *tous les corps sont élastiques,* ou quand la généralité entre *expressément* dans le sujet, ce n'est plus un fait que nous exprimons, c'est une nécessité; ce n'est plus seulement un jugement d'aperception ni même de réflexion que nous formulons, c'est un jugement qui porte en lui-même sa nécessité. Ce nouveau progrès ou ce passage du jugement réfléchi au jugement nécessaire est déjà pressenti dans le langage commun qui sait fort bien que ce que l'on peut dire de tous les individus convient nécessairement à l'espèce, et se trouve revêtu pour ce motif d'un caractère de nécessité. Nous disons *tous les hommes*, *toutes les plantes*, aussi volontiers que nous disons *l'homme*, *la plante,* et ces deux locutions traduisent également un jugement nécessaire. C'est ainsi que les jugements réfléchis tendent par eux-mêmes à se corriger et à se compléter, ou à se transformer en jugements nécessaires.

## III. — JUGEMENTS NÉCESSAIRES.

Dans les jugements de cette forme, le sujet et le prédicat ont entre eux des rapports si intimes que l'un est la véritable essence ou la substance de l'autre, et réciproquement; et de plus, ils sont l'un et l'autre subordonnés entre eux comme l'individu l'est à l'espèce dont il fait partie. Dans ces jugements on affirme que le général, qui est exprimé par le prédicat, existe à la fois dans plusieurs individus. En voici des exemples :

*La violette est une* fleur.
*Cet anneau est d'*or.
*L'or est un* métal.

La copule *est* qui, dans les jugements d'aperception, marque simplement l'existence, et qui, dans les jugements réfléchis, exprime une relation, prend dans cette troisième forme de jugements un sens plus complet qui emporte avec soi l'idée d'une absolue nécessité.

Il serait absurde, par exemple, de vouloir comparer ces deux sortes de jugements :

*L'or est cher,*
*L'or est un métal,*

et de les mettre sur la même ligne ou de les croire à distance égale de la vérité. Le premier n'a rien à faire avec la nature de l'or; il ne concerne que son rapport à nous et au travail que nous employons pour nous le procurer; tandis que le deuxième porte sur l'essence même de la chose.

Mais la nécessité, qui est le caractère essentiel et distinctif de tous les jugements dont nous nous occupons maintenant, n'est pas toujours exprimée dans la forme. Quand nous disons, par exemple : *L'or est un métal*, cette première forme simplement affirmative ou CATÉGORIQUE du jugement nécessaire, implique sans l'expliquer la nécessite à laquelle elle prétend. C'est celle dont la philosophie de Schelling fait constamment usage. Dans la plupart des cas, c'est le genre (comme *métal*) et ses espèces (comme l'*or*, etc.), rangées selon l'ordre de leur subordination, qui servent a formuler ces jugements; mais ils y entrent d'une manière vague et indéterminée, puisque le principe et le but de cette classification des espèces semblent être complétement abandonnés à notre choix.

Cette forme, l'*or est un métal*, sous-entend, mais ne dit pas ouvertement, que la qualité de métal ne convient pas seulement à l'or, mais qu'elle appartient aussi à l'argent, au cuivre, au fer, etc.; d'où il suit que ce jugement ne porte pas en lui-même la preuve ou la raison de sa vérité et de sa nécessité.

Cette raison, nous la trouvons exprimée dans la seconde forme des jugements nécessaires, qui est la forme

HYPOTHÉTIQUE ou conditionnelle dont voici la formule :

*Si cette chose est, il faut que cette autre chose soit aussi ;*

et dans laquelle, comme on le voit, la nécessité du rapport entre les deux termes se trouve formellement énoncée. Aussi se sert-on de cette forme pour traduire une raison et ce qui s'ensuit, un conditionnel et ses conditions, une cause et ses effets. Mais ici, l'essence ou l'existence du sujet et du prédicat ne se trouve ni posée, ni même supposée ; on n'en tient presque aucun compte pour porter toute son attention sur leur rapport. Car les jugements de cette forme : *Si A est, B est ;* ou bien *B est la cause de A ;* ces jugements, disons-nous, nient presque, plutôt qu'ils ne l'affirment, l'existence des deux termes A et B. en nous montrant que ni A ni B ne peuvent exister seuls, pour eux-mêmes, puisqu'une partie de l'existence de A se trouve en B, ou si l'on veut, que A n'est pas seulement A, mais aussi B. La necessité du rapport ou du jugement est devenue manifeste, mais l'existence ou l'essence des termes s'est presque évanouie.

Sans perdre l'une, nous recouvrons l'autre dans la forme DISJONCTIVE, qui est la troisieme et dernière forme des jugements nécessaires. Elle embrasse et comprend la définition complète d'un genre ou d'une espèce tout entière, de la manière suivante :

> A (un genre quelconque) EST ou B, ou C, ou D, (variétés d'espèce dont la réunion constitue le genre),

ce qui veut dire que le genre A contient à la fois B, C, D, qui sont ses seules espèces et toutes ses espèces. Nous avons donc ici, d'un côté, le général A, et d'un autre côté, toutes les particularités ou individualités B, C, D. Les deux termes ou les deux extrêmes du jugement ont donc la même valeur et la même étendue. Cependant, ce jugement n'est pas identique, comme il le serait en pareil cas dans les jugements qualitatifs où nous disions, par exemple, *un violet bleu est un violet bleu*. Ici, c'est plutôt la nature complète du sujet qui se trouve spécifiée dans le prédicat sous un caractere d'absolue nécessité ; car nous avons d'une part, dans le sujet, la généralité toute seule et pour elle-même ; et d'autre part, nous avons dans le prédicat toutes les variétés d'individus dans lesquels le sujet s'est réalise. Il paraît donc d'apres cela que le sujet et le prédicat ne different plus entre eux que dans la forme.

Maintenant, si nous etudions attentivement ce que nous dit cette forme,

A *est ou* B, *ou* C, *ou* D,

nous voyons qu'elle exprime tout aussi bien une disjonction qu'une conjonction. Car dans cet exemple, A est aussi bien B que C ou D; mais il y a disjonction entre B et C, entre C et D, qui ne sauraient jamais être identiques.

Si la division d'un genre entre ses espèces, constatée par l'expérience ou par la science, n'est pas encore revêtue du caractère de certitude ou d'exclusion qu'implique cette forme; ou en d'autres termes, si l'expérience a reconnu et classé un certain nombre d'espèces subordonnées à un genre, sans que la science ait pu nous faire entrevoir que ce nombre des espèces ferme ou remplit complétement le genre, et qu'aucune autre espèce ne peut plus exister; il est clair que cette connaissance n'a point encore atteint son but. Il lui manque cette forme de jugement dont nous parlons maintenant, et qui exprime que toutes les espèces ou individualités sont équivalentes ou identiques à leur généralité. Il faut, dans les jugements de cette forme, que les espèces et les individus ne s'écartent point de leur genre, ou que, leur corps et leur âme, pour ainsi dire, soient en parfaite harmonie, et qu'aucune de leurs individualités ou formes particulières ne répugne à l'Idée générale dont ils sont la vivante expression.

Tout ceci se trouve implicitement exprimé dans cette forme :

A *est ou* B, *ou* C, *ou* D.

Mais ce que nous voyons enveloppé ou sous-entendu dans cette forme disjonctive des jugements nécessaires, se traduit ouvertement et prend une forme manifeste dans les jugements du degré supérieur, dont il nous reste à parler, qui sont les jugements IDÉALS ou selon l'IDÉE.

## IV. — JUGEMENTS IDÉALS.

On voit qu'il ne faut pas beaucoup de jugement pour porter un jugement qualitatif ou d'aperception, comme ceux dont nous avons parlé en commençant : *Ce violet est bleu, la neige est blanche*. Les jugements réfléchis sont déjà d'un ordre supérieur ; les jugements nécessaires les surpassent encore tous les deux ; mais les plus élevés de tous sont ceux conformes à l'IDÉE, et par lesquels on juge ce qui est selon ce qu'il doit être. Nous employons à cet effet les mots de *bon, mauvais, vrai, faux, beauté, laideur, vertu, mensonge*, etc., qui portent tous sur la vérité ou sur la réalité absolue des choses, c'est-à-dire sur leur IDÉE ; car les choses n'étant point l'absolu, puisqu'elles sont soumises aux conditions du temps et du lieu, il peut se faire que leur *individualité* ou leur être actuel soit ou ne soit pas conforme à la *généralité* idéale qui est l'éternité ; et c'est ce que ces mots servent à traduire. Dans les jugements de cette famille, la copule *est* a acquis toute la valeur et toute l'énergie qu'elle peut avoir.

La première forme de ces jugements est purement ASSERTORIQUE. Elle affirme sans laisser place au doute. Exemple : *Cette action est bonne; cette maison est belle.* Les doutes qui pourraient exister ne sont ni prévus, ni résolus à l'avance; et par conséquent, ce jugement, qui est assertorique dans sa forme, reste en réalité problématique.

La seconde forme, qui est celle des jugements PROBLÉMATIQUES, est donc plus avancée d'un pas vers la vérité, puisqu'elle se donne ouvertement pour ce qu'elle est. Exemple : *Considérée de tel point de vue, cette maison est bonne.* Mais ne elle résout pas le doute qu'elle exprime, et, par conséquent, elle postule d'elle-même une forme plus complète, qui est la forme APODICTIQUE.

Les jugements apodictiques tendent par eux-mêmes et par leur forme à lever toute incertitude, à repousser toute objection, en définissant d'une manière nette et précise la vérité qu'ils expriment. Exemple : CETTE (*qui montre la chose individuelle*) MAISON (*qui marque le général*) BATIE DE TELLE OU TELLE FAÇON (*qui indique ce qu'elle a de particulier*) EST MAUVAISE OU BELLE (*qui formule le jugement apodictique*).

Toutes les choses sont ce que ce jugement affirme d'une seule ; ou plutôt chaque chose (*l'individuel*), est finalement un *genre*, rendu manifeste en se *particularisant*. Par où l'on voit que les trois formes essentielles de l'Idée, le général, le particulier et l'individuel, sont implicitement contenues dans ce jugement qui, pour ce motif, est parfait dans sa forme, mais qui peut être vicieux dans son contenu, puisqu'il n'exprime qu'implicitement ces trois formes. Il faut donc maintenant que la force dialectique, les dégageant de ce jugement apodictique qui les cache ou les enveloppe, nous les rende manifestes sous la forme de RAISONNEMENT.

---

## CHAPITRE III.

### DU SYLLOGISME OU RAISONNEMENT.

La dernière forme que prennent les jugements *idéals* en se développant, et que nous avons nommé, APODICTIQUE, comme lorsque nous disons : *Cette maison bâtie de telle ou telle manière est belle ou n'est pas belle*, cette forme est déjà presque un syllogisme ; car le syllogisme ne fait que mettre au jour ce que le jugement tient caché dans son sein. Nous venons de voir, en effet, que le général, le particulier et l'individuel, dont la réunion constitue l'essence propre de l'IDÉE, sont implicitement contenus dans le jugement apodictique, tandis qu'ils sont expressément énoncés dans la forme appelée *syllogisme* qui les exprime ouvertement tous les trois, et qui les tire des formes antérieures appelées *notions* et *jugements,* où ils étaient comme ensevelis et cachés sans pouvoir se manifester au dehors. La forme du syllogisme est donc le développement ou le produit de la première forme nommée notion, se combinant avec la seconde appelée jugement. Elle nous offre l'IDÉE devenue identique à la réalité, et parvenue à ce point de son évolution où les différences formelles, qui distinguaient encore les *notions* et les *jugements,* s'évanouissent en se rencontrant ou en se corrigeant l'une l'autre.

Or, si nous avons pu dire au précédent chapitre que les choses sont des jugements réalisés, à plus forte raison pouvons-nous dire maintenant qu'elles sont des syllogismes vivants. Car le syllogisme n'est point *quelque chose* créé par la raison à côté d'*autre chose,* mais au contraire, toute chose conforme à la raison est un syllogisme. Ainsi, par le même motif que, tour à tour, nous avons eu le droit de dire que l'absolu ou Dieu est une notion, puis un jugement, nous avons à présent celui de dire qu'il est un syllogisme, ou en d'autres termes, le *général* ou l'*universel* qui, par le moyen du *particulier,* devient l'*individuel.*

Sous la forme primitive de *notion,* l'idée ou la chose actuelle, c'est-à-dire actuellement présente à l'esprit, est UNE. Puis, divisée en ses parties constitutives (de général et d'individuel) sous la forme de *jugement,* elle revient, sous celle de *syllogisme*, à son unité ou à sa totalité essentielle.

Nous avons vu précédemment que l'objet propre de tout jugement est de nous montrer que l'individuel I *est* le général G; ce que nous avons ainsi formulé :

I — G.

Le syllogisme exprime exactement la même chose; et de là vient que, dans sa conclusion, le sujet se nomme petit-terme ou terme mineur, et le prédicat grand-terme ou terme majeur. Par ces expressions, les logiciens ont pour ainsi dire avoué, malgré eux, ce que nous venons d'exposer. Mais si le syllogisme dit la même chose que le jugement, il ne l'exprime pas de la même manière. Dans le jugement, toute la force de la vérité porte sur la copule *est*. Le syllogisme affirme d'une manière plus catégorique ou plus expresse, en substituant à la copule *est* un terme intermédiaire qui en développe ou en exprime pour ainsi dire le contenu. Ce nouveau terme que le syllogisme introduit se nomme *moyen-terme*, son rôle étant d'unir les extrêmes du syllogisme, en prenant cette forme développée que n'a point la copule *est*, chargée de remplir le même office dans les jugements.

Cette expression de *moyen-terme* semble rappeler,

par son étymologie, quelque connexion avec l'idée d'espace, et nous porte à croire qu'il y a entre les deux extrêmes, mineure et majeure, sujet et prédicat, un éloignement ou une lacune que ce moyen-terme est appelé à remplir. Mais, en réalité, le rapport ou le lien entre les extrêmes est bien plus intime que ce mot de moyen-terme et que cette idée d'espace ne le font supposer. Au début cependant, et dans les premières formes de syllogismes que nous allons étudier, il faut avouer que ce rapport est presque aussi superficiel que l'expriment l'idée d'espace et le mot de moyen-terme. Mais en avançant peu à peu, nous le verrons se rapprocher et devenir de plus en plus intime. Dans les premières formes du syllogisme, le moyen-terme unit pour ainsi dire *une chose* à *une autre*, tandis que, dans les dernières formes où nous conduit la force dialectique, il unit le *sujet* à *lui-même*.

Il n'est point dans la nature du syllogisme d'être *nécessairement* formulé par une trilogie, c'est-à-dire par deux prémisses et une conclusion, ou d'avoir, en d'autres termes, un jugement MAJEUR, exprimant une proposition générale et contenant le terme majeur et le moyen-terme; un jugement MINEUR, exprimant une proposition particulière et contenant le moyen-terme et le terme mineur; enfin une CONCLUSION qui les embrasse toutes les deux, puisqu'elle unit le terme mineur au terme majeur. En dehors de la logique, toutes les choses subsistantes sont bien, sans aucun doute, des syllogismes réalisés, et elles n'ont pas besoin, pour être telles, de nous faire apparaître, au moyen de ces trilogies, leurs membres disjoints, ou de se réaliser sous nos yeux, d'abord comme expression d'un rapport entre le général et le particulier, ensuite et séparément comme expression d'un autre rapport entre le particulier et l'individuel, et qu'enfin ces deux premières formes fassent naître un troisième rapport contenant seul en lui-même le général et l'individuel.

Mais il est également hors de doute que le syllogisme n'est point, ainsi qu'on le croit d'habitude, un artifice ingénieux de l'esprit, ou comme un *pis-aller* qui supplée sa faiblesse à défaut d'autre, et tel qu'il pourrait s'en passer si notre entendement était mieux fait. Bien loin de là, c'est au contraire la nature des choses et de la vérité elle-même d'être un syllogisme, c'est-à-dire une unité ou totalité dans laquelle le *général* et l'*individuel* s'unissent ou se confondent par le moyen du *particulier*.

Comparée à la forme du jugement, qui est moins complète qu'elle et par conséquent relativement fausse, la forme du syllogisme est bonne ou parfaite. En se développant, la copule *est* du jugement est devenue le syllogisme. Le vide que ce mot *est* laissait en quelque sorte entre les extrêmes se trouve rempli par son équivalent ou par son contenu.

Dans la marche que la force dialectique nous fera suivre, nous rencontrerons trois formes de syllogismes correspondants à nos trois formes de jugements : le syllogisme qualitatif ou de simple aperception, le syllogisme réfléchi et le syllogisme nécessaire.

### I. — PREMIÈRE FORME.

### *Syllogisme qualitatif ou de simple aperception.*

Ce syllogisme nous dit dans sa conclusion que l'individuel *est* le général,

I — G,

en se servant du particulier comme de moyen-terme entre l'un et l'autre :

I — P — G.

Ce qui veut dire que l'individuel est subordonné ou compris dans le particulier, qui l'est à son tour dans le général. En d'autres termes, ce syllogisme nous montre que le particulier est uni à l'individuel comme le général l'est au particulier; le rapport de P à I est le même que le rapport de G à P. Le moyen-terme est donc ici le particulier P, qui figure dans les deux prémisses avec un rôle différent. Il est *sujet* dans la majeure et *prédicat* dans la mineure. Par là, l'idée se trouve divisée en ses deux éléments extrêmes, le général et l'individuel, entre lesquels elle se place aussi sous forme de particulier ou de moyen-terme.

L'individuel I est une chose quelconque dont le particulier P marque une des nombreuses qualités, comme le général G, à son tour, marque une des nombreuses qualités du particulier P. Ce syllogisme ne tient donc aucun compte de toutes les autres qualités que le particulier P et l'individuel I peuvent avoir, pour ne s'occuper que d'une d'elles marquée par le général G. De cette inattention il s'ensuit que ce syllogisme n'a rien de commun avec la vérité; car à la place du moyen-terme P, on peut mettre une seconde, une troisième particularité, comme aussi placer la même proposition mineure sous un grand nombre de majeures différentes. La chose individuelle I sera toujours mise plus ou moins en rapport avec le général G; mais on n'est point nécessité par cette forme de syllogisme à l'unir plutôt à l'un qu'à l'autre de tous les moyens-termes qui peuvent lui convenir, et toujours un moyen-terme différent ou une autre proposition majeure conduiront à un prédicat ou à un résultat différent. Or, non-seulement ces prédicats auxquels on arrive peuvent différer l'un de l'autre, mais il peut se faire aussi qu'ils soient tout bonnement contradictoires, quoique les prémisses et les conclusions soient, dans les deux cas, parfaitement irréprochables. Si du moyen-terme qu'une maison a été recouverte de couleur bleue, on déduit syllogistiquement qu'elle est bleue, le syllogisme est très-juste, et pourtant il peut se faire que la maison soit verte, ayant d'abord été recouverte de couleur jaune, ce qui seul nous conduirait à conclure qu'elle est jaune. Si du moyen-terme de *sensibilité* on conclut que l'homme n'a ni vertu ni vice, parce que la sensibilité en elle-même n'est ni vertu ni vice, le syllogisme est juste, mais la conclusion est fausse, attendu que l'homme n'est pas seulement un être sensible comme les animaux, mais qu'il est de plus intelligent. L'essence concrète de l'homme comporte à la fois le moyen-terme de sensibilité et celui d'intelligence. Du moyen-terme de la gravitation de la terre et des autres planètes ou comètes vers le soleil, on déduit logiquement que ces astres doivent tomber dans le soleil; mais en réalité ils n'y tombent pas, parce qu'ils sont en même temps pour eux-mêmes des centres de gravitation, ou, comme on dit, parce qu'ils ont aussi une force centrifuge. Dans l'État, enfin, on peut du moyen-terme d'association tirer le communisme, et du moyen-terme d'individualité des citoyens tirer le suppression de l'État, afin de ne porter aucune atteinte à cette liberté individuelle ; suppression qui, pour le dire ici, a été poursuivie dans le cours du moyen âge en Allemagne, où le pouvoir de l'empereur a été détruit par les vassaux qui n'avaient en vue que ce moyen-terme de liberté, et ne tenaient pas compte du moyen-terme d'association.

L'imperfection de cette première forme de syllogisme est, comme on le voit, bien manifeste. Aussi n'y a-t-il rien de plus plaisant, en vérité, que ces syllogismes qui sont purement formels, puisqu'il n'y a point de raison pour qu'on prenne pour moyen-terme un particulier plutôt qu'un autre parmi tous les possibles. En telle sorte que quand bien même une déduction serait régulièrement suivie d'un bout à l'autre dans cette forme de raisonnement, on n'arriverait cependant à rien, attendu qu'on peut toujours y introduire d'autres moyens-termes, d'où se déduiraient tout aussi logiquement des conclusions diamétralement opposées. Les antinomies de Kant proviennent de cette latitude que laisse toujours cette forme de syllogisme.

On a tort d'attribuer cette imperfection ou cette incertitude aux matières contenues dans ces syllogismes, et de dire que la logique, ne s'occupant que de la forme, n'a point à s'inquiéter de ces matières. C'est au contraire la forme même de ces syllogismes qui les rend imparfaits et qui les oblige à n'exprimer qu'une partie de la vérité; car c'est elle qui commande de ne prendre pour moyen-terme qu'une seule qualité ou relation des choses, entre toutes celles qui peuvent leur convenir. Et si la logique ne s'occupait, comme on le dit, que de la forme et non des matières du raisonnement, on pourrait peut-être en conclure qu'elle n'a point à s'inquiéter du *sujet* que l'on choisit pour en faire le terme mineur; mais on ne devrait jamais avouer que son devoir n'est pas de nous garer ou de nous défendre contre la possibilité d'arriver *logiquement*, sur le même sujet, à des conclusions contradictoires.

Les logiciens parlent volontiers de cette première forme de syllogismes, et même ils ne parlent guère que de celle-là. Il fut un temps où l'on ne croyait pas pouvoir s'en passer, et où l'on n'admettait un fait expérimental qu'après l'avoir soumis à cette épreuve et démontré par un syllogisme en règle. Mais nous venons de voir qu'on avait grand tort de se fier à cette manière de raisonner qui ne saurait contenir réellement la vérité. De nos jours on a renoncé à ces formules, et la logique, pour cela, est presque tombée en mépris. Il ne faut pas croire cependant que ces syllogismes ne soient d'aucune valeur. Nous en faisons sans cesse et à tout instant. Ainsi, quand en s'éveillant le matin, en hiver, on entend le bruit sec des voitures dans la rue, et qu'on en conclut intérieurement qu'il a gelé pendant la nuit, on use de cette forme de syllogismes dont les applications se répètent mille fois par jour. Et puisque c'est celle que nous employons le plus souvent, il n'est pas plus ridicule de s'y arrêter qu'il ne l'est de connaître les fonctions du corps ou la manière dont il absorbe ses aliments ordinaires. Sans contredit, il est pour le moins aussi grave de connaître la figure de ces syllogismes que de savoir qu'il y a plus de soixante espèces de perroquets et cent trente-sept environ de *veronica*, sciences pour lesquelles on paraît avoir d'autant plus de respect qu'on en a moins pour la logique. L'art de plaider des avocats roule sur cette connaissance, comme aussi les disputes des diplomates, lorsque deux puissances viennent à occuper le même pays. La succession, la position géographique, l'origine du peuple ou sa langue, etc., sont autant de moyens-termes (P) qu'ils mettent en avant. Dans les plaidoyers des avocats, on a souvent, d'un côté, pour le demandeur, la lettre d'un contrat ou la nécessité de ne point se perdre dans le vague, et de l'autre, pour le défendeur, la bonne foi ou l'équité, c'est-à-dire la nécessité de ne point interpréter judaïquement la lettre du contrat, s'il en ressort par ce moyen un sens évidemment contraire aux deux parties contractantes; ce sont là, disons-nous, les moyens-termes à l'aide desquels l'éloquence se donne carrière et fait de son mieux.

Aristote s'est occupé le premier des différentes formes du syllogisme, et il l'a si bien fait, que les logiciens de tous les temps n'y ont rien su ajouter. Voyons si nous serons plus heureux.

Notre première figure, comme on sait, est celle-ci :

I — P — G.

Mais nous avons montré que dans ce syllogisme, le moyen-terme P n'est pas justifié, puisqu'il n'exprime pas une particularité essentielle ou caractéristique de I, mais seulement une de toutes celles qui lui conviennent et qu'on pouvait tout aussi bien choisir. La force dialectique qui nous pousse à corriger cette imperfection ou ce malaise de l'esprit, nous conduit à la seconde figure.

b. — *Seconde figure.*

P — I — G,
ou G — I — P,

dans laquelle, comme on le voit, l'individuel I fait fonction de moyen-terme. Ici donc, c'est le particulier P qui se trouve mis en rapport, grâce au moyen-terme ou individuel I, avec le général G qui le détermine et le spécifie.

Cette vérité implicitement contenue dans la forme précédente, à savoir, que ce n'est pas tout le particulier P de la chose I, mais seulement une de ses particularités à notre choix, que nous prenions pour moyen-terme du premier syllogisme, cette vérité, disons-nous, se trouve explicitement exprimée et pleinement mise en lumière dans cette deuxième figure, qui nous montre que le moyen-terme P, que, dans le précédent syllogisme I—P—G, nous avions considéré comme un particulier, n'exprime en réalité qu'une particularité tout à fait singulière ou spéciale, ou pour mieux dire, une simple individualité, qui se donne pour telle et fait ouvertement fonction de moyen-terme dans cette seconde figure.

Les trois propositions ou jugements de ce syllogisme, majeure, mineure et conclusion, sont de cette forme :

I — P ou P — I (*majeure*)
I — G (*mineure*)
P — G (*conclusion*)

Par où l'on voit que ce syllogisme atteste clairement son insuffisance, puisque la proposition mineure, I—G, n'exprime qu'un cas individuel, et que, par conséquent, la conclusion n'est tirée que d'une seule observation. Aristote et la plupart des logiciens ont donné à cette figure le troisième rang, mais pour les raisons qui précèdent, nous la nommons la seconde. La conclusion en est bonne si on ne la donne point pour générale et certaine, mais seulement pour vraie dans *quelques* cas, et par conséquent incomplète. — Exemple :

*Caïus est savant,*
*Caïus est homme,*
*Donc* quelques *hommes sont savants.*

Mais du cas individuel de Caïus, ils serait faux de conclure que *tous* les hommes sont savants. L'incertitude de ce syllogisme fait que l'on peut alterner ou permuter les prémisses (*Caïus est savant, Caïus est homme*), et que l'on n'est point certain de celle qu'on doit faire majeure ou mineure.

Nous avons vu tout à l'heure que la conclusion de la

première figure, considérée comme certaine par les logiciens, est incertaine en réalité, ou plutôt qu'elle ne contient qu'une partie de la vérité, et n'a par conséquent qu'une certitude restreinte ou limitée. La seconde figure dont nous venons de parler fait apparaître cette incertitude, et l'on peut dire, pour ce motif, qu'elle est la vérité de la première. La force dialectique qui nous a poussé de l'une à l'autre nous conduit maintenant à la troisième.

### c. — *Troisième figure.*

I — G — P
ou P — G — I

Dans la première figure, nous disions qu'une chose individuelle I *est* une chose générale G, et nous arrivions à ce résultat par un moyen-terme P, qui nous apprenait que la chose individuelle I était une chose particulière P. Il fallait donc, dans cette figure, que le particulier P servît de moyen-terme entre le général et l'individuel, tandis que dans la seconde figure, c'est l'individuel lui-même qui fait fonction de moyen-terme entre le général et le particulier. Mais si nous observons attentivement cette seconde figure, nous voyons que l'une des propositions (*la mineure*) est une généralité G assignée à une chose individuelle I, et que, dans la conclusion, c'est encore la même généralité G que l'on assigne cette fois au particulier P. C'est donc en réalité le général G qui sert de lien entre les extrêmes, et qui, par conséquent, doit prendre la place de moyen-terme. Or, c'est précisément ce que nous offre la troisième figure :

I — G — P
ou P — G — I

Nous avons ici une particularité quelconque P assignée à une chose individuelle I par le moyen d'une généralité G. Cette forme ne se trouve pas dans Aristote ; mais ses successeurs, les logiciens du moyen âge et ceux du nôtre, en ont parlé et en ont fait leur quatrième figure. Sa conclusion est forcément négative ; elle n'apporte aucun résultat et ne donne aucun profit à la vérité non plus qu'à la science. Car nous avons :

P — G — I

C'est-à-dire :

P — G (*majeure*)
I — G (*mineure*)
I P (*conclusion*)

En voici un exemple :

Majeure : *Chez les hommes vertueux* (P) *on trouve la véracité* (G);
Mineure : *Le menteur* (I) *n'a pas la véracité* (G),
Conclusion : *Donc le menteur* (I) *n'est pas vertueux* (P).

Dans cette figure, l'individuel *menteur* se trouve mis en rapport avec le particulier *vertu*, par le moyen du général *véracité*, qui se rencontre chez tous les hommes vertueux.

L'incertitude de cette forme fait que nous restons libres sur le choix de la prémisse qui doit servir de majeure, et dans la conclusion, sur la faculté de mettre le prédicat à la place du sujet ou réciproquement. Car la conclusion qu'*un menteur n'est pas vertueux* ne se tire pas mieux de ce syllogisme que la même conclusion retournée que *l'homme vertueux n'est pas menteur*, proposition, comme on le voit, identique à celle déjà formulée dans la majeure et dans la mineure. Il faut donc que la force dialectique nous conduise à une nouvelle figure :

### d. — *Quatrième figure.*

G — G — G
ou P — P — P

Nous avons vu dans le chapitre des jugements que le sujet et le prédicat ne sauraient être identiques, bien que le jugement nous dise que le sujet *est* le prédicat. Il faut qu'il y ait entre eux quelque différence, et nous savons que le caractère essentiel du jugement est d'attribuer une notion générale à une chose individuelle, attendu que l'attribution d'une notion individuelle à une chose individuelle ne constitue pas un jugement, ainsi que nous l'avons fait voir par quelques exemples : *César est né à Rome, il a fait la guerre des Gaules pendant dix ans*, ou : *J'ai bien dormi cette nuit*, etc. La troisième forme du syllogisme qualitatif ou de simple aperception vient de nous montrer maintenant que l'on peut retourner la conclusion ou mettre le sujet à la place de son prédicat, et revenir ainsi à la proposition majeure. Ce qui n'était que possible ou en puissance dans la conclusion de cette troisième figure se trouve donc effectué dans la quatrième :

G — G — G
ou P — P — P

Cette forme se compose de trois jugements, *majeure, mineure, conclusion*, dans lesquels toute différence entre les sujets et les prédicats s'évanouit pour ne laisser qu'une identité absolue. C'est la forme mathématique du syllogisme qui nous apprend, comme on le fait dans cette science, que deux choses sont égales entre elles lorsqu'elles sont chacune égale à une troisième. Ici c'est bien encore une troisième chose ou notion qui intervient comme moyen-terme entre les extrêmes, mais elle n'a aucun rapport de subordination avec la majeure non plus qu'avec la conclusion. Des trois propositions, *majeure, mineure* et *conclusion*, contenues dans ce syllogisme, chacune peut être indifféremment considérée comme prémisse ou comme conclusion. L'un des trois jugements, que pour des raisons quelconques on croit certain, peut à volonté se mettre à la place du moyen-terme et servir à prouver l'identité des deux autres jugements que l'on était censé ignorer.

La certitude de cette forme de syllogisme mathématique lui a fait donner le nom d'AXIOME, qui veut dire que cette certitude n'a pas besoin d'être prouvée. On aime à faire l'éloge de cette figure qu'on déclare la plus claire et la plus précise ; mais en réalité elle n'est si claire que parce qu'elle ne dit rien. Ce syllogisme est purement formel ; la matière du raisonnement n'y entre pour rien. Il fait abstraction de toutes les qualités que les choses peuvent avoir, pour ne considérer que leur identité. Sa clarté ne fait donc qu'attester son insuffisance. Nous avons vu que les conclusions des figures II et III sont partielles ou négatives et ne sauraient être appelées des raisonnements, mais plutôt des énonciations particulières de choses individuelles ; et nous voyons que cette IVe figure est tout à fait vide et ne contient même rien qu'on puisse dire un jugement. Ainsi, il n'existe en réalité que trois figures de syllogisme qualitatif ; et la quatrième qui montre que deux choses identiques à une troisième sont identiques entre elles, n'est que le résultat futil ou négatif auquel ces trois formes nous conduisent.

Voici, en résumé, la marche dialectique que nous avons tenue jusqu'ici : les trois formes de l'Idée, ou le général, le particulier et l'individuel, ont fait tour à tour fonction de moyen-terme. Dans la première figure, c'est le particulier P qui remplit cet office ; dans la seconde, c'est l'individuel ; et dans la troisième c'est le général G. Mais, par contre, les trois formes de l'Idée ont aussi pris la place de la conclusion, et le résultat négatif de ce mouvement nous a donné la quatrième figure ou le syllogisme mathématique. D'où nous devons conclure que ce n'est pas seulement l'une ou l'autre des trois propositions du syllogisme qui doit servir de moyen-terme ou de médiateur entre les extrêmes, et que l'insuffisance de ces trois formes du syllogisme qualitatif ou de simple aperception provient précisément de ce que ce rôle de médiateur n'y est rempli que par un seul des trois termes.

Dans ces figures, comme dans toutes celles où le moyen-terme exprime une abstraction et non point l'essence ou la substance propre de la chose ou du sujet à l'occasion duquel on provoque une conclusion, il est clair que cette conclusion ne saurait être nécessaire ou vraie, puisque l'esprit peut aussi bien choisir d'autres abstractions qui ont autant de droit que la première à tenir lieu de moyen-terme et à nous apporter ainsi une conclusion différente. Le vrai syllogisme est donc celui où la relation entre l'individuel et le général se trouve exprimée, non par une abstraction quelconque n'ayant aucun rapport à l'essence même de la chose individuelle, mais par un moyen-terme qui embrasse tout le particulier P de cette chose et nous en donne la substance. Il faut que le sujet se médiate lui-même, et que le moyen-terme en soit comme le produit nécessaire, exprimant son essence totale ou concrete. Ce vrai syllogisme n'est pas encore le syllogisme de *réflexion* dont nous allons parler tout à l'heure ; c'est le syllogisme de *nécessité* qui nous occupera en dernier.

Aristote ne reconnait que trois modes ou formes de syllogismes. Les logiciens du moyen âge ont trouvé la quatrième et fait beaucoup d'autres règles pour nous montrer dans quels cas l'un des jugements de tel ou tel syllogisme doit être positif ou négatif, et dans quels cas la quantité des choses exprimees dans les prémisses ou dans la conclusion doit être générale ou particulière pour que cette conclusion soit valable. Mais toutes ces règles ne sont pour ainsi dire que mécaniques et ont été mises avec raison dans un complet oubli. C'est ainsi que les professeurs d'arithmétique confient à la mémoire des enfants un grand nombre de règles qui supposent toutes que l'élève ignore le principe de ces calculs. La chose est à la fois beaucoup plus simple et beaucoup plus profonde que ces messieurs ne le supposent. Leibniz (op. II, p. 1), a cru devoir calculer la somme de toutes les formes possibles de syllogismes, et il en compte 2,048, qui se réduisent par l'élimination des inutiles, à 24, qu'il nomme utiles et bonnes, et par lesquelles il croit que l'on peut découvrir de nouvelles notions. Mais Aristote s'est si peu préoccupé de toutes ces règles, suivant lesquelles les majeures, mineures et conclusions, sont tantôt positives et tantôt négatives, tantôt générales et d'autres fois particulières, qu'il n'aurait pu, en réalité, trouver aucune des vérités physiques ou métaphysiques dont il a enrichi la science, s'il les avait soumises à ces règles. Pour y arriver, il faisait usage de la méthode dialectique et spéculative, qui n'a rien de commun avec celle des syllogismes qualitatifs ou de la première classe.

Dans toutes les figures de ce syllogisme, en effet, les trois formes de l'Idée, ou le général, le particulier et l'individuel, ont pris tour à tour, comme nous l'avons déjà dit, la place du moyen-terme. Dans la première, I—P—G, les deux prémisses I—P et P—G n'avaient pas de moyen-terme. Dans la seconde, l'une des prémisses a trouvé son moyen terme; P—G est devenu P—I—G. Enfin, dans la troisième, l'autre prémisse trouve à son tour son moyen-terme; I—P devient I—G—P. Les trois jugements du syllogisme, c'est-à-dire les deux prémisses et la conclusion, ont donc maintenant leurs moyens-termes; et par conséquent les trois formes de l'Idée ne doivent plus à présent se manifester d'une manière abstraite, mais par réflexion; ou, en d'autres termes, il faut maintenant que l'individuel I soit en même temps le général G, comme il l'est en effet dans la réalité. Or, c'est précisément ce que nous allons voir apparaître dans les syllogismes de réflexion, où chacun des termes se réfléchit dans les deux autres.

Les jugements ne sont pas prouvés, et c'est pour cela qu'on a besoin de faire des syllogismes. Mais, dans ces syllogismes qualitatifs ou d'aperception, les deux prémisses sont de simples jugements distincts ou séparés l'un de l'autre, puisqu'elles sont formellement données d'une manière abstraite, et comme exprimant des choses individuelles ; ce qui ne répond point à l'idée que nous avons du syllogisme, et dans lequel il faut que tout soit prouvé. De plus, ces prémisses ne sauraient rester dans cet état de séparation l'une à l'égard de l'autre, puisqu'elles ne sont pas identiques et que, pour ce motif, elles doivent avoir entre elles quelque rapport. Le besoin de les prouver nous conduit à en trouver par abstraction et progressivement 4 autres, afin que les deux premières deviennent à leur égard des conclusions, puis 8, puis 16, etc., afin de prouver toujours le nouveau nombre de prémisses. Or, on peut être certain, ainsi que j'en ai souvent fait la remarque dans ma logique objective, que toutes les fois qu'une *forme* nous conduit à l'*infini* par le progrès de *ses nombres*, il y a contradiction manifeste entre cette forme et son objet, qui, dans ce cas, ne saurait jamais être atteint. La divisibilité de la matière à l'infini est un exemple de ce genre, et ce qui nous arrive actuellement en est un autre. Nous avons abandonné la forme des jugements parce qu'elle n'avait pas de moyen-terme ; mais dans le syllogisme qualitatif, il arrive que ce que nous rejetons dans la conclusion, c'est-à-dire l'absence de moyen-terme, se retrouve (deux fois) dans les prémisses, ce qui est aussi vicieux dans un cas que dans l'autre, et montre bien que nous ne sommes guère plus avancés que si nous étions restés à la forme de jugements.

## II. — SYLLOGISMES RÉFLÉCHIS.

Le caractère abstrait, qui est propre au syllogisme qualitatif ou d'aperception et qui le rend impropre à contenir ou à exprimer la vérité, vient d'être mis en lumière par ce qui précède. Dans ce syllogisme, en effet, les termes *mineur*, *moyen* et *majeur*, n'ont entre eux qu'un rapport accidentel ou abstrait, pris en dehors de l'essence même des choses. Dans le syllogisme réfléchi, au contraire, les extrêmes se montrent ou se reflètent pour ainsi dire l'un dans l'autre ; ils sont presque unis ou liés ensemble, et le moyen-terme n'est pas seulement en rapport avec eux, mais il en est l'expression complete, les embrassant ou les contenant comme par reflet, mais non pas cependant d'une manière actuelle, puisqu'il est joint à eux et qu'il n'est pas encore eux. C'est dans le syllogisme nécessaire, auquel nous consacrerons la troisième et dernière partie de ce chapitre, que nous verrons le moyen-terme en parfaite identité avec les extrêmes. Et c'est toujours ce moyen-terme qui détermine la nature ou le mode du syllogisme, attendu que les deux autres termes ou les extrêmes existent déja comme sujet et prédicat dans tout jugement ; c'est donc la manière dont il est *médiateur* qui fait le caractère distinctif ou le criterium du syllogisme.

La premiere figure du syllogisme réfléchi se fonde sur l'*universel*, la seconde, sur *l'induction ;* et la troisieme sur *l'analogie.*

**a.** — *Syllogisme fonde sur l'universel.*

Sa majeure dit que son predicat est applicable à tous les individus marqués par son sujet ; et par conséquent, ce syllogisme affirme et prouve que ce prédicat est applicable aussi a un individu special I, contenu dans le sujet. C'est donc le plus complet ou le plus élevé auquel la simple aperception puisse nous conduire; car si nous disions, par exemple, dans un syllogisme qualitatif ainsi formulé :

*La régularité dans les monuments est belle ;*
*Ce monument est régulier,*
*Donc il est beau ;*

ce syllogisme ne m'empêcherait nullement de conclure que le monument peut être laid à cause des autres qualificatifs qui peuvent lui convenir en dehors de sa régularité; et ces autres attributs nous conduiraient alors à conclure que ce monument n'est pas beau quoiqu'il soit régulier. Mais dans le syllogisme réfléchi, au contraire, si je commence par une proposition universelle et que je dise :

*Tout monument régulier est beau ;*
*Ce monument est régulier,*
*Donc il est beau ;*

je me suis ôté la faculté d'enlever à ce monument l'épithète de beau, quels que soient d'ailleurs les attributs que je pourrais ensuite lui trouver par aperception. Il est donc vrai de dire que ce syllogisme réfléchi est le plus haut degré auquel la simple aperception des qualités d'une chose puisse nous conduire ou le dernier des syllogismes de la première classe.

Mais il est évident que ce qui fait le mérite de ce syllogisme, ou son universalité réfléchie, anéantit du même coup le véritable objet d'un syllogisme, puisque la conclusion de ce syllogisme n'est pas un nouveau jugement, différent des prémisses, mais seulement la répetition de celui déjà formulé dans la majeure. Ainsi, le moyen-terme de *bâtiment régulier*, etant pris à dessein dans la majeure d'une manière universelle et combiné avec le prédicat *beau*, il est clair qu'il est inutile de faire un syllogisme pour en déduire que ce qui est vrai dans tous les cas ou dans tous les monuments réguliers, est aussi vrai dans un seul. Car en disant *tous*, nous disons *tous les uns*. Dans ce syllogisme, le sujet reçoit un prédicat, non par la force même du syllogisme, mais un predicat qui lui est déja donné dans les prémisses sans aucun moyen-terme. La force dialectique nous fait donc voir qu'il n'y a point de conclusions réelles dans ce syllogisme, et, en outre, elle nous montre que la proposition majeure ne saurait être vraie sans que la conclusion le soit aussi, puisqu'elle est comprise dans cette majeure. Ainsi, dans le fameux exemple si cher aux logiciens, et si souvent reproduit :

*Tout homme est mortel ;*
*Caïus est homme,*
*Donc Caïus est mortel ;*

la majeure n'est vraie qu'à la condition que la conclusion le soit aussi et dans la mesure où elle l'est. Car si Caïus n'était pas mortel, la majeure serait fausse, et l'unique cas de Caïus l'annulerait.

La dialectique nous fait donc voir que cette première figure fondée sur l'universalité, se fonde en réalité sur tous les cas individuels que l'on a reconnus vrais. Or, tous ces cas particuliers deviennent le moyen-terme de la seconde figure du syllogisme réfléchi.

b. — *Syllogisme fondé sur l'induction.*

Le syllogisme précédent fondé sur l'universel, se formulait, comme on peut aisément le voir, d'après la première figure que nous connaissons déjà :

I — P — G ;

le syllogisme d'induction dont nous avons à parler maintenant, se formulera d'après la seconde figure :

G — I — P.

Son moyen-terme est donc encore une fois l'individuel I. Mais ici ce n'est plus un seul individu, comme dans le syllogisme d'aperception; c'est la totalité des individus observés. Sa vraie figure est donc celle-ci :

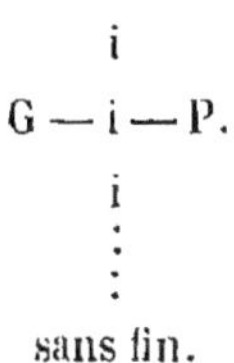

En voici un exemple :

*Tous les métaux sont conducteurs de l'électricité;*

(majeure trouvée par induction : tous les métaux ayant été soumis à l'observation),

*Le cuivre est un métal,*
*Donc il est conducteur de l'électricité.*

Le général G, ayant été trouvé dans tous les métaux I, I, I, sans fin, est dit, pour cela même, se trouver dans un métal particulier P.

C'est la méthode des sciences positives ou expérimentales, qui tirent leurs arguments des expériences. Sans contredit, elle est bonne, mais il est évident que toute la force de ce syllogisme repose sur l'analogie.

Beaucoup de metaux ayant été soumis a l'experience, on en conclut qu'un autre, sur lequel on n'a point fait la même epreuve, possède la qualité trouvée dans ceux que l'on a spécialement éprouvés. Car si tout métal, ou d'une maniere plus generale, si tout cas individuel avait été réellement soumis à l'épreuve de l'expérience, on ne laisserait au syllogisme aucune utilite ni aucune force. Quand on lui en laisse une, au contraire, il se peut toujours qu'on rencontre un métal, non encore soumis à l'expérience, qui ne soit pas conducteur de l'électricité, ou d'une manière générale, que le cas particulier pour lequel on fait le syllogisme, soit justement en contradiction avec ce que l'on affirme d'une manière universelle. D'ailleurs, l'insuffisance de cette forme est encore attestée par la progression à l'infini qu'elle implique, et qui fait qu'elle ne peut remplir l'objet qu'elle affirme necessaire.

On voit par là que toute la force du syllogisme refléchi, qui, dans la première figure semblait reposer sur l'*universalite*. se tire plutôt de la seconde figure ou du syllogisme par *induction*, dont la valeur à son tour repose, en realite, sur un grand nombre d'individus ou de cas observés, mais non sur la totalité, et que par consequent tous les syllogismes refléchis reposent en derniere analyse sur l'*analogie*.

### c. — *Syllogisme fondé sur l'analogie.*

Ce syllogisme déclare expressément que l'expérience n'a pas été faite dans tous les cas. Sa formule est la troisième :

I — G — P.

Mais cette fois il exprime que le moyen-terme ne doit pas être seulement une généralité quelconque, abstraite arbitrairement du sujet et prise au hasard ou au choix, mais une généralité qui marque la nature caractéristique ou l'essence même du sujet.

Ainsi, lorsque du fait que la terre, étant une planète du système solaire, se trouve peuplée d'habitants, on conclut que la lune ou une autre planète du système solaire est aussi peuplée d'êtres intelligents, la conclusion est nécessaire si l'essence de notre planète est d'être habitée ; mais elle n'est point *nécessaire*, puisqu'il n'est pas ici prouvé qu'il est dans la nature de notre terre, en tant que planète, d'être peuplée d'individus intelligents, car il se peut, au contraire, que ce soit une particularité de sa nature, et qui ne lui convienne pas nécessairement en tant que planète.

Les logiciens attribuent quelquefois une forme quaternaire au syllogisme d'analogie, en supposant au-dessus des trois jugements qui le constituent, un jugement qui dit : *toutes les fois que deux choses ont plusieurs qualités communes, ils en ont encore plusieurs autres*. Grâce à cet artifice, on croit avoir deux petits termes, comme *terre* et *lune* dans notre exemple, plus un moyen-terme, comme d'être *planète*, et le terme majeur *peuplé*, qui s'applique, dit-on, à l'un des petits termes comme prémisse, et à l'autre comme conclusion. Or, ces mêmes logiciens auraient bien dû remarquer que dans les syllogismes d'induction il y a aussi plus de trois termes ; qu'il y en a dix, douze, cent, et même un nombre infini. Dans notre manière d'envisager le syllogisme d'analogie, l'apparence de cette forme quaternaire se fonde sur ce que le moyen-terme, *terre* par exemple, est tout aussi essentiellement *planète* (terme majeur) qu'elle est *peuplée* (terme mineur), toutes les fois que la conclusion de ce syllogisme est identique à la réalité ou conforme à la vérité. Mais précisément parce qu'il n'a pas en lui-même la vertu de nous montrer l'existence de cette identité, il n'est point la dernière forme du syllogisme. Dans le syllogisme qualitatif ou d'aperception, nous avons senti le besoin de prouver les prémisses par d'autres prémisses indépendantes des premières. Ici, la prémisse que nous avons, comme *la terre* (ou une planète) *est peuplée*, doit trouver sa preuve en elle-même, et montrer que par cela seul qu'elle est *peuplée* elle est aussi *planète*, ou réciproquement qu'elle est *planète* parce qu'elle est *peuplée*. La forme de ce syllogisme réfléchi ne saurait répondre à ce besoin, et la force dialectique qui nous pousse, nous conduit à une troisième et dernière forme, qui est celle du syllogisme nécessaire.

## III. — SYLLOGISMES NÉCESSAIRES.

Dans les syllogismes de la première classe ou qualitatifs, on suppose qu'une chose ou qu'un sujet donné I, convient à une qualité *générale* G, parce qu'une qualité particulière P adhérente à ce sujet I, adhère aussi à la qualité générale G. Mais les trois figures de cette famille nous montrent que la certitude ne se rencontre point en elles.

La seconde classe, qui comprend les syllogismes réfléchis, nous fait voir à son tour que l'universalité extérieure ou purement formelle par laquelle on croyait arriver à cette certitude, ne fait au contraire qu'ôter au syllogisme toute sa force, ou pour mieux dire sa raison d'être, puisque sa majeure devient identique à sa conclusion toutes les fois que l'expérience a constaté l'exactitude de tous les cas individuels compris dans le moyen-terme ; ce qui fait définitivement reposer la valeur de ce syllogisme sur l'*analogie*.

La troisième classe de syllogismes, à laquelle nous sommes maintenant conduits, nous montre que cette universalité, mise au jour par la seconde classe et ajoutée par elle, au moyen d'une simple et abstraite réflexion, aux syllogismes de la première classe afin de corriger leur imperfection, se manifeste dans les trois directions *catégoriques, hypothétiques* et *disjonctives*, qui embrassent dans leur ensemble l'essence totale ou la nature complète du sujet.

La troisième figure du syllogisme réfléchi, qui est le syllogisme d'analogie, et dans lequel le moyen-terme se tire non-seulement d'une réflexion abstraite ou d'une qualité extérieure au sujet, mais d'une partie essentielle et constitutive de sa nature, cette figure nous conduit donc directement à la troisième classe des syllogismes, qui est celle des syllogismes *nécessaires*, et dans lesquels on considère l'essence propre ou la nature totale du sujet, pour en tirer une conclusion qui porte aussi sur cette complète essence.

Les trois figures du syllogisme réfléchi, à chacune

desquelles nous avons donné une formule spéciale afin de les mieux caractériser, auraient bien pu se formuler toutes les trois à l'aide de la seconde figure :

P — I — G,

attendu que les choses individuelles I, I, I, ou les cas particuliers constatés par l'expérience sont, en réalité, le moyen-terme de tous ces syllogismes; tandis que le syllogisme de la troisième classe ou de nécessité, qui considère la nature totale du sujet, pourrait être, pour cette raison, ramené dans toutes ses formes à la troisième figure :

I — G — P,

car ici le moyen-terme doit contenir toutes les qualités qui sont ensemble et séparément dans les extrêmes. Il doit donc embrasser l'essence totale ou la nature complète du sujet; et l'on donne à ce syllogisme le nom de *nécessaire,* précisément parce que son moyen-terme ne marque pas seulement une qualité universelle tirée par abstraction ou par réflexion du sujet et lui étant extérieure, mais au contraire un universel formé par le reflet des extrêmes et qui en est en quelque sorte le produit ou l'expression nécessaire. Ce moyen-terme renferme donc en soi l'identité cachée des extrêmes, qui ne sont par conséquent que les formes au moyen desquelles cette identité du sujet se rend manifeste.

### a. — *Syllogisme catégorique.*

Dans cette première forme du syllogisme nécessaire, le moyen-terme est encore le seul qui marque la nécessité. La majeure ou la mineure, ou toutes les deux à la fois, sont des jugements catégoriques. Le prédicat, qui est joint au sujet dans la conclusion, se trouve mis en rapport avec lui ou placé dans son rôle de prédicat, à l'aide d'un moyen-terme tiré de la nature même du sujet. Cette essence du moyen-terme se nomme quelquefois *espèce*. La généralité dont cette *espèce* fait partie et qu'on pourrait appeler son *genre* est exprimée par la majeure, et la mineure exprime une individualité de cette espèce, ou l'*individu* par lequel et dans lequel l'*espèce* et le *genre* sont mis au jour et rendus existants.

Quoique les trois formes du syllogisme nécessaire puissent se formuler comme nous venons de le dire, à l'aide de la troisième figure,

I — G — P,

elles ont cependant chacune une figure spéciale ; et celle

du syllogisme catégorique dont nous parlons maintenant correspond à la première :

$$I - P - G.$$

Mais cette forme, qui n'avait point de valeur dans le syllogisme qualitatif ou d'aperception, a maintenant un sens bien différent. Car le moyen-terme, qui est ici le particulier P, au lieu de ne traduire qu'une qualité accidentelle du sujet, exprime l'essence même et la nature complète du terme mineur ou du sujet marqué par l'individuel I ; et de plus, le terme majeur, qui est le général G, ou le genre embrassant toutes les especes, exprime ici le caractere essentiel et complet du moyen-terme, tandis que dans les autres classes de syllogismes il n'en exprimait qu'une universalité abstraite ou accidentelle. L'incertitude, c'est-a-dire l'insuffisance et la duplicité du syllogisme qualitatif, est donc évitée, et il n'est plus possible qu'un même sujet nous conduise par des moyens-termes differents à des conclusions contradictoires. Et par la même raison, les deux extrêmes n'ayant plus seulement un rapport extérieur ou fortuit avec le moyen-terme, il n'est plus besoin de prouver les prémisses données à l'aide de nouvelles prémisses, comme il fallait le faire dans les syllogismes de la premiere classe ; et de plus, la vérité de ces prémisses ne dépend plus de la vérité de la conclusion, comme nous l'avons vu arriver dans les syllogismes de la seconde classe. Le syllogisme *nécessaire* nous fait donc apparaître enfin la vraie forme de l'Idée absolue, puisque les trois termes, *majeur, moyen* et *mineur,* sont *substantiellement* unis l'un à l'autre, et que les trois jugements de ce syllogisme expriment une seule et même vérité ou matière, qui se développe et s'écoule de l'un à l'autre dans ses trois formes constitutives de *genre*, d'*espèce* et d'*individu*.

**b.** — *Syllogisme hypothétique.*

Cette figure nous dit :

*si* A *est*, B *est* (majeure),
*mais* A *est* (mineure);
*donc* B *est* (conclusion).

Ce qui nous montre que A et B, qui paraissaient exister séparément, ne sont en réalité ou substantiellement qu'une seule chose; ou si l'on veut, que A dépend de B qui en est la raison d'être ou la cause. On dit en même temps que A et B existent chacun *en soi* ou séparément, mais qu'ils n'existent point chacun *pour soi*. Nous avons déjà montré que l'*identité* (qui dit que A est A) est prouvée fausse par la *causalité* (qui dit que A est en quelque sorte B); et c'est, en effet ce que cette forme hypothétique explique et exprime ouvertement.

### c. — *Syllogisme disjonctif.*

Quant à sa forme logique, le syllogisme hypothétique appartenait à la seconde figure :

G — I — P.

Le syllogisme disjonctif est de la troisième :

I — G — P.

Mais ce syllogisme a maintenant une valeur qu'il n'avait point précédemment, car il exprime que le moyen-terme ou le général G, embrasse et contient en lui-même le *général*, le *particulier* et l'*individuel*. Ce syllogisme, en effet, nous montre le général G, se développant dans le particulier P, et se réalisant dans l'individuel I. Ainsi nous disons :

A *est ou* B *ou* C *ou* D (majeure);
A *est* B (mineure);
*donc* A *n'est ni* C *ni* D (conclusion).

Ou bien :

A *est ou* B *ou* C *ou* D,
A *n'est ni* C *ni* D ;
*donc* A *est* B.

Le genre A est dit être *ou* B *ou* C *ou* D; c'est-à-dire qu'il est non-seulement comme B, mais aussi comme C et D. Le sujet des deux prémisses est donc celui de la conclusion. Dans la majeure, il est exprimé dans toute sa généralité ou totalité; dans la mineure, il est déterminé ou spécifié dans l'une de ses propres espèces; et dans la conclusion enfin, il se sépare de toutes ses autres espèces ou individualités pour se réaliser dans une seule. La mineure pose une alternative, comme *A est B* dans le premier exemple, ou bien elle laisse une alternative, en séparant le sujet de toutes ses autres especes, comme *A n'est ni C ni D* dans le second exemple, et la conclusion exprime la réalité actuelle et positive du sujet, *donc A est B*. La vérité implicitement contenue dans le syllogisme hypothétique, *si A est, B est*, se trouve explicitement formulee dans celui-ci.

Rigoureusement parlant, ce n'est donc plus un syllogisme, puisque son moyen-terme embrasse ou comprend absolument et totalement les extrêmes. Ce n'est plus un syllogisme que nous avons sous les yeux, c'est la chose elle-même avec toute sa réalité absolue. Cette forme logique de l'Idée postule donc de nouvelles formes et nous conduit à l'*objectivité* ou à l'existence mécanique, chimique, téléologique des choses, et à l'IDÉE elle-même, c'est-à-dire à la vie, à l'entendement, à la volonté, dont nous n'avons pas à nous occuper ici.

En résumé, voici le développement auquel nous avons assisté. Dans le premier chapitre traitant des notions, l'IDÉE s'offrait simplement à nous sous forme de notion dans laquelle le général et l'individuel étaient enveloppés l'un dans l'autre, sans que ni l'un ni l'autre se montrassent ouvertement. Dans le second chapitre traitant des jugements, nous avons vu l'IDÉE se dédoubler pour ainsi dire, et, sous forme de *sujet* et de *prédicat*, nous faire apparaître séparément ses deux manières d'être. Enfin dans le troisième chapitre traitant des syllogismes, l'IDÉE s'oppose à ce dédoublement et revient, par sa propre force, à l'unité ou à l'identité concrète qui est la vérité de toute existence. Mais cette forme purement subjective n'épuisant pas toute sa réalité, elle parvient à se manifester sous d'autres formes qui n'appartiennent plus à cette partie de la logique que nous avons voulu faire connaître.

# REMARQUES

# REMARQUES.

## I.

Lorsque parut la logique de Hégel, et pendant les dix premières années qui suivirent cette publication, les philosophes, étonnés de la nouveauté de ses doctrines, de la profondeur et de l'éclat de ses pensées, des applications ingénieuses et fécondes qu'il savait en tirer, ne purent se rendre compte de l'ensemble et de la portée de son système. Mais à l'étonnement général succédèrent d'orageux débats, et il fallut une nouvelle période de dix ans après la mort de l'auteur pour ramener un peu de calme dans le monde philosophique. Aujourd'hui, si nous faisons abstraction des questions de détail sur lesquelles on dispute encore et qui divisent toujours les esprits, nous voyons que le résultat du retentissement profond de cette logique nouvelle est le grand intérêt que l'on prend maintenant en Allemagne au problème des catégories.

En effet, le congrès des philosophes réunis à Gotha en 1847, fut unanime, on peut le dire, à reconnaître que la question dont on s'était le plus occupé dans ces derniers temps et qui devait encore fixer l'attention de tout homme voulant *sérieusement philosopher*, était celle de savoir ce QUE SONT LES CATÉGORIES. Nous croyons utile de présenter quelques réflexions sur ce sujet.

La principale difficulté de cette question vient sans doute de ce qu'elle est complexe, et pour la mieux saisir, on devrait, je crois, la diviser. Car en se plaçant d'abord au point de vue historique, on peut se demander : *Quelles sont les catégories données par le langage?* et se plaçant ensuite au point de vue de la philosophie, se demander : *Quelles sont ou quelles doivent être logiquement les catégories ?*

Il est bien évident que le langage entre pour quelque chose dans les conditions de ce problème, puisqu'il a pour objet, comme la philosophie, de comprendre le monde, ou en d'autres termes, puisqu'il est une philosophie primitive, et une philosophie d'autant plus importante à connaître qu'elle précède nécessairement toutes les autres. Cette philosophie primitive du langage voyait le monde devant elle comme un Tout qu'elle ne comprenait point, et pour le comprendre, elle faisait ce que nous répétons encore chaque jour, lorsque nous sommes devant une chose ou un Tout que nous voulons connaître. Ainsi, ignorant ce qu'est une montre et comment elle fonctionne, nous commençons, pour le savoir, par détruire le rapport qui existe entre ses parties, et nous regardons séparément chacune d'elles, les roues, les pointes, les ressorts ou les vis, comme si elles avaient une existence propre et pour elles-mêmes. C'est encore de la même manière que nous cherchons à comprendre le corps humain en étudiant son anatomie, le coupant arbitrairement çà et là, et comparant entre elles ces diverses sections, qui, d'abord faites sans méthode, seront à peu près de même grandeur ou prises selon des analogies que certaines règles instinctives et grossières nous auront enseignées.

Or, le langage ne fait pas autre chose. Voulant comprendre le Tout, il en sépare d'abord arbitrairement quelques pièces qu'il croit des *sujets* et qu'il nomme pour cette raison *substantifs*. Mais lorsque ces pièces ont été ainsi nommées ou posées par la philosophie primitive du langage, il est du devoir de la philosophie qui lui succède et qui garde seule ordinairement ce titre, non-seulement de les rapprocher ou de les comparer afin de voir quelles sont celles qui s'accordent bien entre elles, mais aussi de se demander si le langage n'a pas fait fausse route dans ses divisions, si les pièces qu'il nous offre ont été bien choisies, et si quelques-unes d'elles que nous croyons des sujets ne seraient point par hasard si maladroitement prises que l'on dût, en en parlant, tomber nécessairement dans l'erreur.

C'est cette seconde question que la philosophie avait jusqu'ici négligée.

Et ce que nous disons des substantifs, peut aussi bien se dire des adjectifs et de tous les mots en général, au sujet desquels on peut toujours renouveler les deux questions précédentes, savoir : Quel rapport vrai ils ont entre eux et de quel droit ils existent? Mais on néglige toujours cette seconde question. Les mots fournis par la langue sont généralement réputés vrais; et si l'on admet que quelques-uns peuvent être faux, on est cependant assuré que dans le plus grand nombre de cas ils sont absolument vrais, et que ce que nous avons à faire n'est pas de rechercher quel degré de confiance mérite un sujet ou un prédicat, un substantif ou un adjectif donné par le langage, mais seulement de voir si tel ou tel adjectif ou prédicat, réputé vrai en soi, convient ou ne convient pas à tel ou tel substantif ou sujet, présumé vrai à son tour.

Voici un exemple à l'appui de ce que nous disons. On a longtemps discuté en philosophie pour savoir si l'âme est simple ou composée, parce qu'on croyait pouvoir en déduire la preuve de son immortalité. Mais tout en supposant douteuse cette question de la simplicité de l'âme, on ne songeait point à demander si l'alternative posée par la langue, à savoir qu'il y a des choses simples et des choses composées, n'était pas douteuse aussi. On négligeait en un mot de demander à la langue où elle a pris cette idée de simplicité ou de composition, et l'on ne voyait point qu'il se pourrait qu'aucune de ces alternatives ne convînt aux choses et surtout à l'âme.

Car de ce que l'on rencontre ces deux idées dans le langage, il ne s'ensuit pas qu'elles sont vraies. Tout ce que cela prouve, c'est que le langage se trouvant un jour devant le monde ou le Tout sans le comprendre, l'a décomposé en ces deux parties; et c'est de la même façon que les substantifs, les adjectifs et autres radicaux du langage s'y sont introduits, tout mot étant ce qu'on appelle encore aujourd'hui un *mot*, c'est-à-dire un aperçu du génie ou l'invention d'une catégorie.

N'ayant encore aucune règle bien établie, la langue, en faisant l'anatomie de ce Tout placé devant elle, aura pu quelquefois, par hasard ou par instinct, faire si bien et d'une main si heureuse ses coupures qu'elle en aura tiré une pièce entière, méritant de recevoir un nom ou d'être une catégorie; mais d'autres fois, et le plus souvent sans doute, elle a dû se montrer moins heureuse, et couper pour ainsi dire une partie des poumons avec une autre des intestins ou du foie, et croyant que cet ensemble de pièces formait un tout particulier, lui donner une seule appellation. Dans ce cas, elle n'aura donc point trouvé les véritables pièces qui composent le corps ou le Tout, et le rapprochement ou la comparaison des parties qu'elle a trouvées et auxquelles elle a donné des noms particuliers, ne saurait jamais, quoi qu'on fasse, conduire à la connaissance du Tout, si celui qui veut acquérir cette connaissance et qui est le philosophe, se borne à comparer ou à rapprocher ces pièces sans oser mettre en doute leur existence même.

Ces erreurs commises par le langage dans la division du Tout, sont évidemment plus graves que celles que commet une science particulière comme l'anatomie, qui peut se corriger, tandis que les premières troublent et bouleversent tout le savoir humain. Plus d'une fois sans doute, et même le plus souvent, ces fautes du langage cacheront quelque bonne et utile vérité, attendu que l'idee ou l'instinct de la vraie nature des choses guidera toujours un peu l'homme dans la recherche des mots ou des idées, comme il dirige aussi le premier anatomiste en lui faisant pressentir qu'il vaut mieux couper ici que la ; mais tous les deux commettent necessairement des fautes dont la plus grande est peut-être la necessité de diviser ou de décomposer ce qui est un *tout*.

On n'a point encore entrepris de séparer le vrai du faux dans l'établissement primitif du langage. Les recherches grammatico-étymologiques des modernes et beaucoup de ces aperçus naifs que l'on rencontre chez les anciens, plus près que nous, sinon de l'origine, du moins de la renaissance des lettres au moyen âge, peuvent être considérés comme le prelude à ce qu'il faudrait faire. Ces travaux seront d'un grand secours à la philosophie qui devrait les prendre serieusement à cœur, les combiner et en tirer toutes les conséquences possibles, au lieu de les négliger comme elle l'a fait jusqu'ici, non par dédain, mais au contraire, par trop de courtoisie, supposant parfait ce qu'a fait le langage, et ne doutant que d'elle-même.

II.

La seconde question, ayant pour but d'obliger les idees à rendre compte de leur existence, sera donc la critique raisonnée, non point d'une langue particulière, mais du langage en général. La philosophie n'est peut-être pas autre chose, et elle a d'autant moins besoin de s'en excuser, que le langage, de son côte, peut bien pretendre que c'est précisément la faussete de ses catégories et la naiveté illogique des aperçus du génie qui fait sa beaute, sa grandeur ou sa poésie, et que les vraies catégories resteront à jamais impénetrables a la philosophie, ou même qu'elles sont impropres à saisir la vérité tout entière, comme l'anatomie à découvrir les lois cachées de la vie. Sans sortir cependant de la modestie qui convient à une sœur cadette vis-à-vis de son aînée, la philosophie proprement dite peut faire la critique du langage. Et c'est, en effet, ce qu'elle entreprend tous les jours lorsqu'elle constate que les *noms* ou *sujets* posés par le langage n'ont aucun droit à ce rôle, et que, par exemple, l'eau, la pierre, le feu, un morceau de fer ou de plomb, etc., ne sont point des individus ayant par eux-mêmes une existence particulière, ainsi que la langue le suppose lorsqu'elle en parle et leur donne des noms, mais qu'ils ne sont que les accessoires d'un Tout qui est la terre, et ne sont point pour eux-mêmes des individus ou des centres ; tandis qu'un arbre, un animal ou un homme seront toujours pour eux-mêmes des individus ou des centres, et par conséquent de vrais *sujets*, bien qu'ils fassent aussi partie de la terre. Car ces derniers ne sont pas seulement les accessoires ou les attributs de la terre, mais au contraire, ils ont plus qu'elle-même le droit d'être appelés des sujets, attendu que s'ils lui sont inférieurs par la quantité, ils la surpassent infiniment par la valeur ou l'intensité de l'existence. *Le fer*, c'est-à-dire *tout le fer* ou toute une espèce de pierre, etc., peut bien revendiquer le droit d'être une catégorie, mais un morceau de fer ou une seule pierre, surtout si elle n'est point un cristal entier, ne saurait jamais être conçue comme individu ou *sujet*, tandis qu'un seul arbre, un animal ou un homme peuvent vraiment réclamer ce titre. Ils sont réellement des catégories en ce sens que le développement de la création, tel qu'il s'est opéré sur notre globe, s'y est arrêté et fixé dans son cours. En s'y arrêtant à son tour, le langage est d'accord, en ce cas, avec la réalité ou la vérité, tandis qu'il s'est trompé en faisant d'un fragment de pierre ou de fer une catégorie. La pierre, par elle-même, n'est pas un centre, un individu ; elle n'est qu'une portion de la périphérie d'un autre centre, comme du roc ou du globe terrestre dont elle faisait primitivement partie. En constatant ces vérités, d'une manière ou d'une autre, que fait la science ou la philosophie, si ce n'est la critique du langage?

Et comment celui-ci était-il arrivé à faire de tous les modes de l'existence terrestre des individus ou des sujets, si ce n'est par un abus de l'analogie poussée hors de ses limites légitimes? Car de ce qu'il voyait à côté de quelques individus, comme l'homme, par exemple, qui a conscience d'être vraiment un centre ou un sujet, beaucoup de choses subsistantes isolément, il en a conclu qu'elles devaient être aussi des sujets ou des centres, ayant par eux-mêmes une existence analogue à ceux que la conscience nous révèle spontanément. Ayant donc constaté que l'homme est un *sujet*, le langage donne à ce sujet des *prédicats*, et cette antithèse, entre le *sujet* et le *prédicat*, lui plait tellement, qu'il transforme aussitôt en sujets tout ce qui semble exister isolément, comme un doigt, un cheveu, une pierre, etc., pour leur donner aussi des prédicats, sans s'apercevoir que cette application exagérée de l'analogie introduit dans le monde qu'il a pour objet de comprendre un si grand désordre, que, pour tâcher d'en sortir, il faut de nouveaux prédicats qui n'ont pas plus de rapports à la vérité ou à la réalité des choses que n'en ont eux-mêmes les sujets auxquels on les applique.

## III.

Si nous sortons du labyrinthe où nous introduit le langage, et si nous regardons autour de nous dans le monde, nous voyons que la création nous offre une gradation progressive du moins parfait au plus parfait. Dans le monde inorganique, l'ordre *mécanique* est inférieur à l'ordre *chimique*, qui voit au-dessus de lui le monde organisé, se subdivisant par une gradation analogue en *végétal* et *animal*, au-dessus desquels plane encore l'*intellectuel*.

Les diverses classes ou familles dans lesquelles le monde se trouve divisé par ces mots, ne sont point équivalentes ou d'égale valeur, et placées pour ainsi dire sur la même ligne. Elles sont, au contraire, subordonnées, et telles, qu'il y a gradation de l'une à l'autre. Car la différence entre toutes ces classes est immense, non-seulement quantitative, mais qualitative, et l'on pourrait dire infinie. Si quelques savants mettent en doute sa grande étendue, il est cependant généralement admis que les lois mécaniques ne sauraient, dans aucun cas, ni même par analogie, servir à expliquer ou à faire comprendre les lois chimiques, et que les organismes qui font la vie de la plante ou de l'animal sont, à leur tour, bien au-dessus des lois chimiques, et bien plus encore au-dessus des lois mécaniques. Enfin, la nature de l'esprit ou de l'âme repousse toute espèce d'analogie avec le monde organique et plus encore avec ceux qui lui sont inférieurs. Le moins n'embrasse pas le plus; l'inférieur ne mesure pas le supérieur; tandis que ce qui occupe le plus haut rang, comme l'intelligence, peut mesurer et comprendre toutes les phases inférieures. C'est ainsi que l'organisme comprend le chimisme sans y être compris, et que le chimisme embrasse le mécanisme.

L'intelligence humaine, il est vrai, s'efforce de comprendre ce qui lui est supérieur, c'est-à-dire ses rapports à Dieu et Dieu lui-même, mais ses efforts enfantins et modestes font voir une fois de plus que la distance entre elle et Dieu est trop grande pour que nous puissions jamais le connaître.

Or, que fait la science en posant ces conclusions, en montrant cette distance presque infinie qui sépare l'ordre mécanique de l'ordre chimique, celui-ci des deux ordres organisés, et ces derniers enfin de l'ordre intellectuel? La science ne fait pas autre chose que la critique raisonnée du langage qui n'a pas compris ces différences. Ainsi, par exemple, le langage pose et applique à tous les ordres de réalités l'idée de cause, qui, cependant, lui vient d'abord du moins élevé ou de l'ordre mécanique. Là, cette idée de cause et d'effet signifie qu'une impulsion qui vient du dehors d'un corps est le principe d'un changement ou d'un mouvement qui est observé dans le corps. Le langage a reconnu par là que de deux choses séparées, l'une peut être cause de l'autre. Tout fier de cette découverte ou de cette notion de cause et d'effet tirée de l'ordre le moins élevé de la nature, il l'applique aussitôt aux ordres supérieurs, et en fait pour tous les cas une catégorie. Partout où il croit reconnaître quelque analogie avec le phénomène mécanique qu'il a primitivement observé, il parle de cause et d'effet, sans voir que le sens de ces mots se doit naturellement modifier. Ainsi, il nous dit que l'homme est la cause de ses actions, sans remarquer que, dans ce cas, la séparation ou la distance entre la cause et l'effet n'est plus aussi grande qu'elle était d'abord, et que cependant c'est cette différence, constatée par le langage dans l'ordre mécanique, qui fait toute la valeur de cette catégorie. Car si on applique à l'être le plus élevé et le plus parfait, ou à Dieu, cette catégorie de cause ou d'effet tirée de l'ordre le plus bas, on arrive à dire que Dieu est sa propre cause, *causa sui*, et par là toute l'analogie que ce mot pouvait offrir a disparu. L'effet est identique à sa cause, ou plutôt l'idée de cause s'évanouit, puisqu'il n'y a plus de séparation entre elle et l'effet. Et de ce que nous n'avons point d'autres catégories à lui substituer, nous n'avons pas le droit de conclure que celle-là est bonne. Elle suppose deux extrêmes, dont l'un est la cause, l'autre l'effet ; mais si nous disons que la cause est cause de soi-même, *causa sui*, il n'y a plus d'extrêmes, et cette catégorie par conséquent n'a plus de valeur.

Nous voyons par cet exemple que l'une des catégories ou des mesures que nous voulions appliquer au monde, ne s'applique pas dans le même sens à tous les ordres de réalités. Il faut parfois changer sa signification, et même avouer, dans certains cas, sa complète insuffisance. Le langage n'en avait nul souci ; il croyait tenir une règle certaine, et la philosophie vient lui montrer qu'il n'en est rien. Et ce que nous disons d'une catégorie, nous pourrions le dire de toutes. Cela sans doute est bien fait pour nous effrayer ; et de même que la terre sur laquelle nous marchons nous paraît d'abord immobile, tandis que la science nous apprend plus tard qu'elle se meut, ainsi la logique nous fait voir que toutes les règles ou catégories dont le langage croyait faire une mesure fixe et sûre, sont au contraire chancelantes dans nos mains, et au lieu de marcher sur la terre, nous voilà voguant sur les flots.

## IV.

S'il nous faut, comme nous venons de le voir, mettre en doute la plupart des catégories, il en est deux cependant, celles de temps et d'espace, qui paraissent inébranlables. On sent, en effet, qu'elles dominent l'univers. Kant les appelait les formes de nos sensations, réservant le nom de catégories à ses (douze) formes de l'entendement. Mais puisque les sensations, selon lui, donnent à l'entendement ses matériaux, il aurait dû, plus que tout autre, reconnaître que le temps et l'espace sont des catégories primitives et fondamentales d'où procèdent toutes les autres. Car elles sont nécessaires, inévitables, et nous n'avons aucun moyen d'y échapper. Nous disons bien qu'au delà de l'espace et du temps il y a l'éternité, mais en réalité nous ne pouvons nettement comprendre, tant que nous vivons, cette idée de l'Eternel. Nous ne concevons bien que le temps et l'espace, que nous pouvons imaginer infinis, mais auxquels nous ne saurions nous soustraire. Nous ressemblons en ce point au ciron qui est né sur une feuille et qui ne sait point qu'en dehors de cette feuille sur laquelle il végète, il existe un autre monde.

Cependant, bien que nous ne puissions sortir, dans cette vie du moins, de ces deux catégories fondamentales, il nous est toutefois permis de pressentir qu'elles ne sont point le dernier mot ou les dernières formes de toute existence, puisque nous voyons déjà dans ce monde qu'une forme est d'autant plus parfaite qu'elle est moins soumise aux conditions de l'espace et du temps. Ainsi la plante est fixe sur le sol où elle croît, tandis que l'animal se meut à son gré ; et nos pensées, successives dans le temps, échappent aux lois de l'espace pour n'être soumises qu'à celles du temps.

Il semble, en effet, que l'espace soit plus matériel que le temps. On pourrait peut-être concevoir le développement de l'absolu ou de Dieu dans le monde sous la forme de ces deux catégories, comme décentralisation expansive dans l'espace et concentration intensive dans le temps. Car il faut bien le dire, le temps n'est qu'un point. Ce n'est pas une ligne droite infinie, ainsi qu'on aime à se le figurer; c'est, au contraire, un centre, un point, un moment; il est l'*instant qui est*, le moment actuel. Le passé et l'avenir n'existent pas, puisque l'un a cessé d'être et que l'autre n'est pas encore. Dans cette manière d'envisager le temps, on ne peut donc pas le figurer par une ligne droite infinie des deux bouts, ou même d'un seul dont l'autre a pour limite le présent; mais plutôt comme un centre ou un point autour duquel se groupe l'univers. Un poëte l'a nommé une bague que tient suspendue la volonté de Dieu et dans laquelle, par son ordre, l'espace infini est sans cesse obligé de passer en se repliant sur lui-même et en se concentrant.

Cette antithèse fondamentale de l'absolu, se déployant dans l'espace et se reployant dans le temps, se représente à nous dans tous les ordres de realité qui nous entourent; et le rapport qui s'établit entre les deux extrêmes de cette antithèse, entre l'expansion et la concentration, reparait dans tous les êtres, mais avec une préponderance de plus en plus grande de la concentration, à mesure que l'ordre des existences est plus elevé, plus parfait ou plus voisin de Dieu. Ainsi, l'expansion restant la même, la force de concentration est bien plus grande dans l'animal que dans la plante; et l'homme, placé bien au-dessus de ces êtres inférieurs auxquels cependant on peut déja donner le nom d'individus, l'homme, qui a seul le droit de se dire un *sujet*, se sent doué d'une puissance de centralisation si intense qu'il se croit doué de libre arbitre, ou en d'autres termes, qu'il se croit un centre tout à fait maître de sa périphérie.

Mais si l'on n'aime pas généralement à mettre le temps et l'espace au-dessus des autres catégories, cela vient de ce qu'en partant de là, on se trouve en présence d'un dualisme qui semble exclure l'unité de système. Il se pourrait, en effet, que le rapport entre le temps et l'espace fût le principe et la fin de toutes choses, le premier et le dernier mot de l'énigme que nous cherchons, et c'est ce que la philosophie constate en s'occupant d'une manière spéciale de ces deux catégories. C'est bien ce qu'a fait Kant, et c'est en ce sens qu'il faut revenir au kantianisme. La philosophie de la nature renouvelée par Schelling ne fait pas non plus autre chose, puisqu'elle nous force à reconnaître que le temps et l'espace sont les premières formes ou les plus importantes de toutes, et que Dieu étant l'*unité* et le monde la *variété*, le développement de l'unité en variété, comme le retour de la variété à l'unité, s'accomplissent dans les formes nécessaires de l'espace et du temps.

Si par une hypothèse impossible, mais effrayante à concevoir, on suppose que le temps cessant d'exister, l'espace demeure seul dans le monde, alors l'absolu s'étant éparpillé et pour ainsi dire démembré dans toutes les parties de l'espace afin de donner une existence propre à chacun de ses attributs, la connexion entre ses membres serait détruite, la conscience du tout serait perdue, et l'absolu ne se retrouverait point. Car il n'y a de mouvement et de vie que dans le temps, qui fait que tout être se transforme et se hâte d'arriver au moment actuel qui seul existe. Dans un monde, au contraire, où l'espace subsiste seul sans le temps, tout paraît s'arrêter et s'immobiliser. Avec lui nous avons la séparation, l'isolement et la mort; avec le premier, la continuité, le mouvement et la vie. Et bien que ces hypothèses ne soient peut-être pas admissibles, il n'en est pas moins vrai qu'il faut avant tout, à l'aide de ces suppositions ou de toute autre de même nature, tâcher de mieux saisir et de mieux comprendre le rapport qui existe entre ces deux catégories fondamentales, dans lesquelles le monde a commencé et se développe encore tous les jours, et qui embrassent tout notre être.

La philosophie contemporaine ne leur donne pas l'importance qu'elles méritent. Dans sa logique subjective, qu'on a nommée une définition des attributs de Dieu antérieurs à la nature, Hégel semble n'en rien dire; et si dans une autre partie de sa philosophie, qu'il appelle philosophie de la nature, il débute par l'antithèse de l'espace et du temps, affirmant que la matière est le fruit de leur union, cependant il commet l'erreur de placer sur la même ligne la matière et ses deux principes. D'où il suit que son système semble pouvoir négliger, non-seulement ces deux principes dès qu'ils ont enfanté la matière, mais encore toute analogie tirée de leurs rapports.

Nous n'échappons pas, en réalité, aussi aisément aux catégories de temps et d'espace, et nous n'avons pas le droit de les mettre ainsi de côté après n'en avoir parlé que dans l'introduction de notre philosophie. Elles nous suivent et nous accompagnent toujours, parce qu'elles sont comme la méthode ou la loi suivant laquelle Dieu s'est manifesté dans le monde, en commençant par s'éloigner de lui-même pour y revenir ensuite après ce long détour. La matière est bien réellement dans la nature la première forme de cette manifestation de Dieu, mais le temps et l'espace n'en continuent pas moins à dominer toute la création, non-seulement dans l'ordre inférieur des existences, mais aussi dans les ordres plus relevés, puisqu'ils soumettent à leur empire l'intelligence elle-même, qui, pour ce motif, n'est point encore l'absolu, comme le supposait Hégel.

V.

Il est presque superflu de remarquer que Kant a réellement débuté par les catégories de temps et d'espace ; mais il est curieux de montrer que les théories philosophiques même les plus abstraites doivent nécessairement commencer par là. Car pour comprendre l'infinie variété des choses qui existent dans le monde, le philosophe, cherchant une idée qui puisse embrasser cette variété infinie, nous fait voir que cette idée se développe dans toutes les formes où le conduit successivement sa théorie. Or, cette idée de développement n'est autre chose que la notion même de l'espace et du temps, dans lesquels nous voyons le germe ou l'œuf se développer pour devenir plante ou animal, ou bien la seule notion du temps dans lequel ce qui existe peut seul aussi se développer. Car il est évident que si nous supprimons ces analogies et ces exemples de l'œuf ou du germe se développant dans l'espace et dans le temps, le mot de développement n'a plus de sens et devient insaisissable. D'où il suit qu'en généralisant cette remarque, nous pouvons dire que toute philosophie, même en supposant qu'elle ait pu commencer tout à fait *à priori* sans tenir aucun compte de l'espace et du temps, y retombe forcément dès qu'elle fait voir que ce qu'elle a posé d'abord se developpe ou devient ce qui suit, puisque l'idée du développement ou du devenir se tire de l'espace et du temps.

Ainsi Hégel, dans sa philosophie, s'il fallait le prendre à la lettre, ne commencerait réellement point par ces deux catégories, puisque sa première trilogie devenue si fameuse n'en dit rien. Elle pose que l'*Être* est aussi le *Rien*, et que la vérité de tous les deux est le *devenir*. Mais puisqu'il a d'abord établi le *devenir* comme un développement ou un mouvement de l'Être au néant et du néant à l'Être, il est clair que c'est bien en réalité la notion d'espace et de temps que nous avons en nous qui nous permet de comprendre ce qu'il veut dire. Car nous ne concevons le mouvement que dans l'espace et le temps ; hors de là ce mot n'a plus de sens et ne nous apporte aucune idée. Cette remarque est d'autant plus importante que toute la vérité et l'originalité de sa philosophie reposent sur cette premiere trilogie, et que sa gloire comme sa conquête est d'avoir mis le *devenir* au premier rang, que l'*Être* occupait avant lui. Or, nous venons de le voir, cette détrônisation de l'Être et cette élevation du *devenir* ne s'est point faite sans le concours de l'espace et du temps, et peut-être même n'est-elle autre chose que la réduction à un point de cette ligne infinie qui figurait autrefois le temps, c'est-a-dire la substitution du temps, conçu comme le moment qui est mais qui s'enfuit toujours, à la notion du temps conçu comme durée permanente.

Avant Hégel, il est vrai, on avait dit que le temps s'enfuit; mais dans tous les systèmes antérieurs au sien sa catégorie principale du *devenir* est plus ou moins effacée, amoindrie, et l'Être subsiste toujours. C'est lui le premier qui a déclassé l'Être et l'espace pour élever le temps et le devenir au premier rang.

La trilogie fondamentale de Hégel ou ses trois catégories principales, et toutes celles que les philosophes établissent en commençant, sont necessairement un peu froides et pâles; car en admettant même que ces categories fondamentales puissent, à la rigueur, renfermer dans leur sein toutes celles qui s'en déduisent plus tard, elles n'ont point encore leur précision, leur eclat, leur timbre ou leur détermination spéciale. D'où nous pouvons tirer cette conséquence, que toute catégorie, la première comme les autres, prise en elle-même, ne saurait jamais être absolument vraie, attendu que si l'une d'elles était tout à fait vraie, les autres seraient inutiles. Nous pouvons donc en conclure d'une maniere genérale que chaque catégorie n'est en quelque sorte qu'une coupe ou section faite dans le Tout, parmi beaucoup d'autres également possibles, a peu pres comme un ingenieur qui, pour étudier la courbure d'une voûte, fait une premiere section qu'il etudie, puis un seconde différente de la première qu'il étudie encore, puis une troisième, une quatrième et ainsi de suite, jusqu'à ce qu'il ait épuisé la voûte ou le tout qu'il voulait connaître. Il n'en fera jamais assez, en réalité, pour connaître au juste toute la courbure, mais il acquerra du moins des connaissances qui lui manqueraient sans cela, et même il connaîtra les points essentiels de la voûte s'il a soin de faire ses coupes aux endroits où elle offre le plus d'originalité. Les catégories nous donnent aussi des points de vue plus ou moins importants, mais partiels. Ce sont comme des anses à l'aide desquels nous tâchons de saisir l'absolu, sans pouvoir toutefois l'embrasser. Pour que nos connaissances fussent toutes vraies, il faudrait que nous n'ayons qu'une catégorie, de même que nous pouvons admettre que les impressions des choses sur nos sens seraient plus parfaites si nous n'avions qu'un sens, qui réunirait les mérites des cinq, et nous donnerait d'autres avantages résultant de cette union, dont la privation nous empêche, en beaucoup de cas, de saisir toutes les propriétés des choses.

Dans cette hypothèse, il serait donc très-important de savoir si la fausseté de chaque catégorie prise isolément vient de nous, ou si elle est nécessaire, parce que Dieu, en se développant, aurait voulu être à la fois *vrai* (c'est-à-dire l'Éternel ou le tout) et *non-vrai* (ou tel qu'il se manifeste séparément dans l'espace et le temps). Cette dernière question paraît être la plus grave de toutes, et si nous pouvions y répondre, nous aurions la solution demandée par le congrès philosophique de Gotha. Mais la réponse à cette question sera toujours bien douteuse, et la question elle-même n'est pas moins difficile à poser. Car si, d'une part, le temps et l'espace sont non-seulement des catégories comme nous l'avons fait voir, mais de plus la source et le fondement de toutes les autres ; et si, d'autre part, notre entendement se compose nécessairement de catégories, on pourrait bien en conclure que les perceptions variées de nos sens sont la véritable cause qui fait que notre esprit procede par plusieurs catégories et non point par une seule, et que la langue n'a pas pu nous en donner d'autres que celles que nous connaissons. Dans le cas contraire, les sections ou coupes indiquées par le langage, rectifiees par la philosophie et faites pour étudier la courbure de la voûte ou du Tout que nous voulons connaître, ou en d'autres termes, les anses que la langue nous prête pour saisir l'absolu et qui nous sont devenues si familieres, n'obtiendraient notre assentiment que parce que nous les connaissons et qu'elles ont déjà intéresse tous les hommes de tous les siècles depuis l'enfance du monde jusqu'à ce jour.

## VI.

Il est vrai que si l'homme était absolu, comme le croyait peut-être Hégel, il ne débuterait pas forcément par l'empirisme en philosophie, c'est-a-dire par le temps et l'espace. Il exprimerait immédiatement et d'un seul mot la nature eternelle et inconditionnelle de l'absolu ou Dieu en dehors de l'espace et du temps. Ou plutôt il ne le dirait pas, car le langage est humain, et l'absolu, selon toute vraisemblance, n'a pas besoin du langage. D'où il suit que l'absolu ne pourrait pas non plus penser. Car l'antithèse entre l'Être et la pensée qui se traduit par la parole, ou entre ce que nous pensons et ce que nous sommes, existe bien en nous ; mais on ne saurait admettre en Dieu une semblable limite de l'Être, que l'on ne rencontre que dans l'homme, chez qui la circonférence de la pensée est plus grande que celle de l'Être.

Tous les systèmes de philosophie jusqu'ici ont fait de Dieu un Être pensant ; mais les principales objections élevées dans ces derniers temps contre les doctrines rationalistes en général, ont eu surtout pour objet d'établir que Dieu doit être considéré plutôt comme agissant que comme pensant. On a répété le mot des anciens philosophes que Dieu est agent : *Deus est actus purus*. Nous voyons là un légitime pressentiment de la nécessité d'élever Dieu au-dessus de la sphère de la pensée ou de l'entendement et de la science. Mais le côté défectueux de cette ancienne définition de Dieu qu'on reproduit de nos jours, est de substituer la volonté ou l'une des facultés humaines à une autre, et de croire que cette volonté est adéquate ou conforme à la substance de Dieu. Il nous paraît évident que cela ne répond pas au besoin que nous sentons de définir Dieu ; et si l'on veut absolument le définir d'un mot, il faudrait au moins dire qu'il est l'unité de l'Être, du Penser et du Vouloir, ou l'union de ces trois facultés en une seule. La perfection souveraine de Dieu doit être, en réalité, de ne pas exister comme un *moi* qui a hors de lui un *non-moi* auquel il ne peut atteindre que par la volonté ou par la pensée. Pouvoir connaître et porter son action dans le non-moi, sont deux perfections qui nous élèvent au-dessus des animaux; mais en cela il y a encore l'imperfection de n'être pas le non-moi, et de n'avoir avec lui que des rapports éloignés de connaissance ou d'influence active, sans pouvoir arriver jusqu'à son Être ou sans être lui.

Car si nous étions les choses que nous connaissons, le savoir, qui n'existe que par l'antithèse du moi et du non-moi, aurait disparu. Le moi, qui n'est dans l'homme qu'un petit centre n'occupant qu'un point isolé, est en Dieu le centre de l'univers; ou plutôt l'univers est son Être, et par conséquent il n'a point de non-moi à côté de son moi. D'où il suit que la valeur infinie qu'acquiert en lui la catégorie de l'Être, fait évanouir et disparaître la catégorie du savoir. La distinction du moi et du non-moi en Dieu, s'il l'a fait, n'a pu lui plaire qu'après coup, par un déplacement du centre dans sa périphérie, c'est-à-dire dans le temps et dans l'espace; mais alors la conscience du tout ou le retour au centre, ne saurait jamais lui être impossible, ni même d'aucune difficulté, comme sont obligés de le soutenir ceux qui prétendent qu'il y a des qualités dont il ne s'est primitivement approché et dont il ne s'approche encore qu'avec sa volonté ou sa pensée, et point avec son Être.

## VII.

En imposant des noms aux choses, le langage pose donc des sujets sans prouver qu'il en a le droit. Le sujet qui parait seul mériter ce titre est l'homme. Mais, lui aussi cependant, est tellement dépendant des êtres qui l'entourent, et ses rapports avec le monde lui sont si necessaires, que l'intelligence et la conscience, qui constituent reellement son moi, ne se seraient point fait jour s'il n'etait sans cesse en relation avec ses semblables, et que les idees du bien et du vrai n'auraient jamais pu se manifester s'il avait été seul. Car il n'existe pour lui de devoirs, a proprement parler, que ceux qu'il a envers les autres, et l'on voit par là que le développement de la volonte, soumis aux lois de la morale et de la vertu, serait parfaitement impossible s'il vivait solitaire, ou du moins que tous ses devoirs se réduiraient a ceux qu'il a envers Dieu, et ce qui est la même chose, envers lui-même, lesquels, dans ce cas, seraient la seule loi de toutes ses actions, en admettant qu'on pût encore donner a ses actes solitaires le nom d'actions. Et de même que pour les actions ou pour l'exercice de la volonté, il faut absolument, comme nous venons de le dire, le concours de plusieurs sujets, il le faut aussi et peut-être avec la même necessité, pour les opérations de l'entendement. L'homme, en effet, qui vivrait seul sur la terre ne parlerait point, et par conséquent il n'aurait point de langage, et ses idées ne se developperaient pas comme les nôtres, puisque la plupart de nos idées nous viennent par reflet, c'est-à-dire par renvoi du moi au non-moi lorsque ce dernier est une individualité comme nous. Mais il serait puéril de vouloir prouver plus longuement que l'homme est sans cesse en rapport avec ce qui l'entoure, et dont, pour ce motif, il se sent toujours plus ou moins dépendant. Nous savons très-bien, d'autre part, que l'homme est libre, et cependant que la détermination de sa volonté est dirigée par des penchants ou instincts, qu'il reçoit, non de lui-même, mais de la nature, et qui font que certains devoirs lui sont plus pénibles que d'autres, et que certains individus ont des inclinations différentes. Là encore, le moi se sent dépendant du non-moi. Or, une existence qui dépend d'une autre n'a pas le droit de se dire un sujet, puisqu'elle n'est sous ce rapport qu'un attribut de celle dont elle dépend. Nous sommes donc forcés d'avouer en dernier lieu, qu'il n'y a qu'un sujet qui est Dieu, dont tous les autres sujets ne sont que les prédicats ou qualités, plus ou moins libres à son égard sans pouvoir l'être entièrement.

Ainsi que nous le supposions tout à l'heure en commençant, ce n'est donc point l'existence d'une unité ou centralité absolue, qui donne à la langue dans certains cas, comme dans celui de l'homme, par exemple, le droit de poser un sujet, droit dont elle aurait abusé dans d'autres cas ; mais c'est seulement un degré plus ou moins grand de substantialité ou de centralité, que nous apercevons en réalité et qui fait la différence entre les choses qui ont le droit d'être appelées *sujets* et celles qui ne l'ont point. Or, cette substantialité se trouve déjà, mais à un degré inférieur, dans le cristal, plus élevé dans la plante, plus encore dans l'animal, et enfin dans l'homme au plus haut degré que nous le connaissions. Un seul morceau de fer ou de pierre pourrait donc aussi, mais avec encore moins de vérité, se dire un sujet, puisqu'il a pour centre la force de cohésion; et l'on devrait dire qu'un morceau de bois enseveli depuis mille ans dans les ruines d'un château n'est pas encore mort, attendu que là où il y a cohésion et unité, la vie subsiste toujours. Il ne meurt qu'après s'être entièrement pourri, quoique, dans un autre sens, l'arbre dont il faisait partie fût peut-être mort depuis longtemps lorsqu'on l'abattit. Partout où il y a cohésion, il y a vie, système, unité. Ce papier est vivant jusqu'à ce qu'il soit pourri; ceux qui l'ont fabriqué ont contraint sa force vitale à prendre cette nouvelle forme avant de s'évanouir. Deux morceaux de liége flottant sur l'eau, qui se rapprochent à cause de l'attraction qu'ils ont l'un pour l'autre, se font par là un centre commun vers lequel ils convergent et qui devient pour le moment un sujet dont ils sont les attributs. Ainsi, nous voyons partout un sujet, et pourtant l'homme lui-même n'est pas un sujet. Les derniers êtres comme les premiers, n'ont pas absolument le droit d'être appelés *sujets*, et n'en sont pas non plus absolument dépourvus; car la distance immense, infinie, qui existe entre deux classes d'êtres, comme entre la vie de cohésion et la vie proprement dite, entre celle-ci et la vie intellectuelle qui commence dans l'homme, n'a sa source que dans une augmentation de centralité de plus en plus grande.

Dans cette hypothèse, c'est donc seulement une augmentation quantitative qui fait apparaître une existence nouvelle, tout à fait différente d'une autre. Mais on n'admet pas volontiers cette conclusion. Cependant, l'augmentation de quantité n'ayant pas lieu dans tous les sens, mais dans un seul, tandis que chacun des autres reste ce qu'il était d'abord, on peut admettre que celui qui se développe et qui commence à dominer, était primitivement contenu et comme absorbé dans les autres. La prépondérance plus ou moins grande d'une des directions change le caractère et les relations de toutes les qualités. Ainsi, lorsque nous avons supposé que Dieu ne pensait ni n'agissait pas, nous avons supposé que son Être s'augmentait tellement qu'il absorbait toutes les autres relations, qui sont encore manifestes dans l'homme parce qu'il n'est pas infini.

La différence des systèmes philosophiques sur la notion de Dieu s'explique en réalité par cette remarque. Car cette notion n'est, en tous cas, qu'une augmentation à l'infini. Ce qui change, c'est le point de départ. La théorie rationaliste suppose que ce qui est dans l'homme la raison, s'agrandit tellement en Dieu, que cette seule qualité absorbe toutes les autres; et ce système domine jusque chez Hégel. Après Hegel on s'est effrayé de cette notion de Dieu et des conséquences qu'elle pouvait avoir et qu'il avait si bien déduites. On a pris pour point de départ la volonté ou l'activité humaine, de préférence à la faculté passive d'intelligence; on a dit que Dieu est l'acte ou l'agent, *actus purus*, et on a cru par cela en relever la notion. C'est la volonté, dans cette hypothèse, qui absorberait les autres qualités. Enfin, la philosophie de la nature nous engage à partir de l'Être et à lui donner une telle intensité, qu'il absorbe à son tour le penser et le vouloir. Mais cette absorption est en même temps une conservation. Rien ne se perd ; seulement la relation change, et avec elle la qualité, puisque l'une de deux ou de plusieurs directions ou pôles de l'être s'est développée et a surpassé l'autre. C'est ainsi que dans l'animal, l'âme, si nous voulons déjà lui donner ce nom, est l'instinct, qui, d'une part, constitue son individualité, et qui, d'autre part, le retient en rapport avec l'univers. Dans l'homme, elle acquiert une prépondérance marquée sur le corps ; elle s'agrandit, et en croissant, elle rend possible son affranchissement, que nous appelons libre arbitre. Voila un changement de qualité opéré par la seule augmentation de l'intensité primitive, se developpant dans une direction ; car nous pouvons dire que le moi de l'homme est à la fois semblable à celui de l'animal et absolument different, puisqu'il y a dans tous les deux la sensibilité, et que dans l'homme seul le libre arbitre devient possible, tandis qu'il est impossible dans l'animal. Ainsi, en general, une analogie peut persister, non-seulement dans les differences de quantite, mais même dans celles de qualité. Et si la quantité mathématique, tant que l'on ne parle que des abstractions d'espace et de nombre, ne paraît jamais changer de qualité, alors même qu'on la porte jusqu'a l'infini, il n'en est plus de même lorsque cette quantite qui se developpe s'applique a un systeme de forces, dont une qui varie peut, en s'augmentant par rapport à une autre, la vaincre tout à fait et changer par là toute la nature du systeme.

La difficulté de distinguer nettement ce qui est sujet de ce qui n'est qu'attribut ou qualite adherente au sujet, se retrouve partout, et il n'y a peut-être que la chimie qui puisse nous montrer jusqu'à un certain point comment une existence qui n'etait que qualitative se transforme en sujet, ou plutôt comment un sujet d'un ordre inférieur devient sujet d'un ordre supérieur. En effet, l'acide et la base, qui existent d'abord comme éléments ou forces chimiques, et l'on pourrait presque dire qualités de la terre, leur sujet commun, donnent naissance au cristal qui devient lui-même un sujet, c'est-a-dire un système ou une unité qui n'existait auparavant que dans la terre. Dans cette hypothèse, l'etat naissant, *status nascens*, ou le moment où les molécules de la base et de l'acide se rapprochent, est le moment où la vie du cristal est en mouvement ; et la vie postérieure de ce cristal réside dans la cohésion qui détermine pour longtemps encore la forme élastique et l'existence particulière de ce système (1). Nous voyons ici que la nature, se manifestant comme cohésion, arrête et fixe un mouvement qui se fait ; elle oblige un mouvement qui s'écoulait dans l'état naissant a persister. Mais l'etat naissant du cristal n'est pas permanent dans le cristal lui-même.

(1) Le mot *système* en français, dans le sens que lui donnent les sciences naturelles, semble venir à l'appui de ces remarques, et avec d'autant plus de force que, si nous ne nous trompons pas, il n'a reçu que depuis quelque temps cette signification

il passe ; une cohésion nouvelle apparaît dans le cristal et en fait un système qui se défend contre l'action du temps. Dans un ordre plus élevé, dans la plante, par exemple, et dans tous les corps organisés, le mouvement de vie, qui ne se prolonge pas aussi longtemps que la cohésion qui est presque tout à fait passive, n'est en quelque sorte autre chose que la prolongation et l'organisation mieux réglée de cet état naissant qui se montre déjà dans le cristal où il ne dure qu'un instant. La nature prolonge ce mouvement afin de le mieux contempler en le perfectionnant. Nous devrions ajouter, dans le sens de la philosophie de Hégel, que ce mouvement se rencontre encore dans la logique, mais qu'il y passe plus vite que dans le cristal ou que dans la plante, puisque toutes les formes des existences y sont pour ainsi dire réduites en un point et comme coexistantes dans le même instant.

Les éléments qui constituent le mouvement dialectique, dans la logique objective et subjective, et qui n'ont pour ainsi dire pas d'existence puisqu'ils ne font que passer et se transformer, se ralentissent et s'arrêtent dans la nature, qui donne a chaque élément une existence particulière et qui n'en manifeste qu'un seul à la fois, faisant alors abstraction des autres et les subordonnant de plus en plus. Hegel insinue, en effet, que les mêmes catégories de Dieu qui, dans la logique, sont enveloppées l'une dans l'autre, se separent l'une de l'autre dans la nature. Nous voyons par la dans quel sens on doit entendre le mot d'un de ses disciples, que Dieu etant vrai et absolu dans la logique, a voulu aussi être moins absolu et moins vrai dans la nature. Et nous pouvons en conclure qu'en s'attachant à ces doctrines ou à d'autres analogues, il est impossible d'admettre que la langue, la logique et l'intelligence humaines soient absolues, quand bien même, ce qui est encore fort douteux, elles pourraient suivre et copier fidèlement la nature. Car, en vérité, si déjà la nature fixe et sépare les éléments qui sont unis en Dieu, la langue et la logique arrêtent et divisent encore plus ce qui passe trop vite à leur gré dans la nature ou dans l'intuition spontanée de l'esprit. Ainsi, la langue et la logique parlent de buts qui se réalisent dans certains cas, quoique le plus souvent le but ne soit pas distinct de sa réalisation. En appliquant par exemple cette catégorie de but à la plante on se trouve dans un grand embarras, parce que dans la plante le but n'est pas séparé des moyens dont elle se sert pour l'accomplir. Nous pourrions dire que la fleur est son but plutôt que les racines ou les feuilles, et dans certains cas, que ce sont les graines; mais en réalité nous voyons que le but de la plante ne saurait être ni l'un ni l'autre, mais que c'est la plante tout entière qui est son but à elle-même, et dans ce cas, nous reconnaissons que le but n'existe pas en dehors des moyens qui servent à l'accomplir. Nous continuons cependant, et à bon droit, à faire usage de la catégorie de but en disant que la plante entière est son propre but.

De même lorsque nous disons : *Je fais ceci,* nous exprimons un acte entier par lui-même, ou l'action du moi qui se traduit d'une manière quelconque dans le non-moi. Mais cet acte *un* ou entier est divisé par la langue en trois, savoir : le moi avant qu'il agisse et abstraction faite de son action, désigné par le mot *je;* puis ce qui est accompli, considéré après l'acte, non plus comme en étant une partie constitutive, mais abstraitement en soi, et désigné par le mot *ceci;* enfin, entre ces deux extrêmes, la langue place le mot *fais* pour marquer que ce n'est ni *je* ni *ceci* qu'elle veut désigner, mais l'acte allant de l'un à l'autre.

La langue arrête donc ce qui coule dans la nature, à peu près de la même manière que l'art saisit un sentiment, un geste, un instant du coucher du soleil, toutes choses qui ne durent point, mais que la poésie, la peinture ou la musique arrêtent et font persister. Et ceci devient surtout éclatant dans les œuvres où s'unissent deux arts de différente nature, comme la poésie et la musique sur nos théâtres, et où l'action dramatique demandant par exemple que le héros s'élance et vole pour sauver la vie d'un ami, au lieu de faire l'action, il chante pendant tout le temps nécessaire pour que le compositeur, forçant le moment de s'arrêter, puisse le saisir et le rendre par la musique. De même la vérité est une, mais les catégories la divisent ou la coupent, et tandis qu'elle coule et manifeste sa vie, les catégories l'arrêtent sans cesse. Mais ces ralentissements sont nécessaires au développement de l'absolu lui-même, ou du moins à l'entendement de l'homme qui ne procède que par catégories, et qui, pour ce motif, n'est pas absolu.

## VIII.

Nous avons vu que les catégories fournies par le langage et critiquées par la philosophie sont douteuses. Réveillée par la logique de Hégel, la question de leur valeur s'offre encore à nous sous une autre forme, celle de la méthode. Là surtout, Hegel se montre l'adversaire de Kant.

Après avoir distingué les jugements analytiques, qui ne sont que des définitions explicatives, d'avec les jugements synthétiques, qui nous apportent de nouvelles notions, Kant se demande comment il peut exister des jugements synthétiques *a priori*, ou comment nous pouvons concevoir *a priori* des idées nouvelles. J'admets et je comprends, disait-il, que l'empirisme nous procure des idées nouvelles, mais en dehors de l'empirisme je ne vois pas que nous puissions aller d'une idée à une autre, différente de la première, mais seulement à une idée déjà contenue dans celle que nous posons d'abord. Il n'y a donc point de jugements synthétiques *a priori*. D'où il conclut que nous ne pouvons rien connaître qui ne soit donné par l'empirisme, et que, par conséquent, nous ne pouvons rien savoir de certain sur ce qui est transcendant et nous intéresse le plus, comme Dieu, la création, l'immortalité de l'âme, etc. Ainsi parlait Kant, du moins dans sa philosophie théorétique ou spéculative, tandis que dans sa philosophie pratique, et sans qu'on puisse deviner pourquoi, il affirmait que l'homme trouvait dans sa conscience une réponse satisfaisante à ces questions transcendantes.

Hégel ne put se contenter de cette modestie théorétique de Kant. Afin d'établir l'insuffisance de la raison, ce dernier avait remarqué qu'elle tombe dans des antinomies insolubles aussitôt qu'elle sort de l'empirisme. Car elle prouve aussi bien, disait-il, que l'espace doit être infini que fini, que le monde a dû ou qu'il n'a pas dû commencer, etc. La raison pose deux alternatives incompatibles, mais dont l'une ne saurait vaincre l'autre, attendu que le spectre de celle qu'on réfute reparaît toujours. C'est comme dans la tragédie de Shakspeare où l'on voit reparaître le spectre du roi défunt, et où les amis de Hamlet s'écrient : « Il faut qu'il y ait quelque chose d'absolument faux dans notre royaume, puisque cette apparition revient. » Semblable aux amis de Hamlet, Kant se contente d'être le spectateur impassible de cette contradiction ou de ce désordre, tandis que Hégel se met à l'œuvre pour rétablir l'harmonie entre ce qui est et ce qui doit être. En d'autres termes, le premier, voyant qu'il y a des antinomies, et que les résultats trouvés par la raison se contredisent ou s'annulent, s'arrête là ; tandis que le second cherche l'accord entre les principes et les faits, entre la raison et ses résultats.

Satisfaisante pour Kant, la théorie de l'incapacité de l'esprit humain ne contente pas Hégel, et ce sont peut-être justement les antinomies de son prédécesseur qui l'ont conduit et poussé à sa méthode négative, qui n'est en réalité que l'antinomie réduite en système. Car voyant que le canon de l'identité qui avait gouverné la logique depuis Aristote jusqu'à lui, se trouvait en défaut, puisqu'il admettait les antinomies, il lui substitua une nouvelle règle destinée, selon lui, à résoudre ces antinomies apparentes. C'est ainsi qu'à la logique ancienne et bien connue qu'on pourrait appeler la logique de l'identité et qui a pour axiome qu'*une chose qui est ne saurait être le contraire de ce qu'elle est,* il opposa sa propre logique selon laquelle *tout ce qui est est aussi le contraire de ce qu'il est.* Par ce moyen, il avance *à priori*, il pose une thèse d'où il tire une nouvelle synthese, non pas directement, comme on croyait pouvoir le faire avant lui, mais indirectement, par l'intermédiaire de l'antithese.

*Thèse, antithèse, synthèse,* voila donc la marche du développement de sa philosophie. Il croyait que les vérités nouvelles qu'il decouvrait et qui s'offraient a lui sous cette forme de trilogie, lui arrivaient reellement par cette méthode. Mais de même que l'on se trompait avant lui, en croyant que l'on pouvait passer d'une thèse à une autre par la seule regle de l'identite, ce que Kant trouvait impossible et ce qui le poussait à se demander comment on pouvait faire des jugements synthétiques, Hegel se trompait aussi en croyant que sa règle antithétique suffisait seule à embrasser et a comprendre les variétés infinies dans lesquelles le monde et le moi se développent.

Sa logique est une exception à la regle qui dit que tout le monde est content de son esprit. L'ancienne logique était toujours satisfaite de son esprit et de ses resultats, tandis que celle de Hégel n'est jamais contente des siens et oppose toujours une nouvelle négation aux résultats qu'elle vient d'obtenir. En cela elle a grandement raison, car si l'on veut avancer, il ne faut jamais s'arrêter à ce que l'on a trouvé, et c'est cet esprit de négation qui a conduit l'auteur de cette philosophie à tant de merveilleuses découvertes dans toutes les parties de la science. Mais il avait tort de poser comme règle logique cette maxime qui n'était que le stimulant qui le poussait en avant en renversant tout ce qui prétendait se fixer ou s'arrêter devant lui.

Hégel a fait brèche dans les catégories en montrant que chacune d'elle est en partie vraie et en partie fausse. Voilà l'immense résultat qu'il a obtenu sans le savoir, car il croyait parvenir à tout autre chose, et surtout à prouver que toutes les catégories étaient vraies. Et cela se montre principalement dans ses travaux éthiques et historiques, qu'il avait fait précéder dans une préface fameuse de ces mots étranges : *Que tout ce qui se fait est raisonnable.*

Nous croyons donc que la méthode de Hégel est insuffisante, et que d'ailleurs ni lui ni aucun autre philosophe n'a jamais commencé par se faire une méthode. Car on entend par méthode une forme qui soit plus simple que les développements auxquels elle conduit, et l'on peut être certain à l'avance que, pour être vraie, elle ne saurait être aussi simple qu'on aimerait à l'avoir. Le développement du monde n'étant pas simple, la méthode elle-même avec laquelle nous le suivons ne saurait non plus être simple. Il est étrange que les trilogies au moyen desquelles avance la philosophie de Hégel, aient pu si longtemps passer dans toute l'Allemagne pour une méthode sérieuse. Peut-on croire que les variétés si riches qui nous entourent, comme la vie, l'esprit, l'âme, l'amour, la vertu, etc., soient partout et toujours le résultat d'une même trilogie : *thèse, antithèse, synthèse.* Trop monotone ou trop uniforme pour l'homme, cette marche dialectique le serait encore bien plus pour l'absolu ou Dieu, qui cependant, selon Hégel, aurait dû suivre constamment cette marche sans en dévier jamais dans aucun de ses développements.

On peut etablir, je crois, que l'absence de méthode est ce qui pousse réellement le philosophe. Il faut qu'on ne soit jamais content de ses découvertes ; c'est le seul conseil à donner à ceux qui demandent une méthode dans la recherche de la vérité, et c'était aussi sans doute la méthode de Hégel. Dès qu'une forme se présentait, il la niait ou il lui faisait une opposition directe, et grâce a cette opposition, sa forme prenait un nouvel aspect. Et quand il croyait avoir embrassé ou saisi les catégories à l'aide de sa méthode, ce n'était en réalité que la force prodigieuse de son génie qui les avait pénétrées sans l'assistance de sa méthode. C'est pourquoi la doctrine de Schelling, qui dit qu'au lieu de méthode le philosophe arrive par intuition spontanee aux idées nouvelles, me paraît la seule vraie, jusqu'à ce que nous arrivions, si c'est possible, au dernier degré de la connaissance. Car une pensée n'existe que virtuellement tant qu'elle n'est pas formulee dans le langage, et la langue, comme les idées antérieures, sont autant de chaînes ou d'entraves dont le moi se délivre en se plongeant dans les profondeurs mystérieuses de son unité. Toutes les fois qu'il recherche des idées nouvelles, le moi se ramène à l'état naissant (*status nascens*), pour se fixer ou se cristalliser aussitôt après. La forme qu'il avait auparavant doit s'effacer ou se taire un moment, mais pour embrasser le moment d'ensuite une forme ou une cristallisation nouvelle. La méthode de Schelling est cet état naissant, état nécessaire, mais non définitif. Répétons-le donc . c'est en ne se disant jamais content de la forme à laquelle il arrive, que l'esprit atteste et prouve sa liberté absolue ; car aussitôt qu'une forme le satisfait, elle le domine ; il en devient l'esclave. Mais, d'autre part, s'il voulait être toujours et tout à fait libre, il n'aurait plus de connaissance. Il faut donc que la forme et la liberté se succèdent et s'interrompent sans cesse pour se faire équilibre.

La seule méthode possible et vraie est donc celle que Schelling a caractérisée lorsqu'il a dit que le moi se plonge dans la profondeur de son essence informe pour y puiser les formes ou catégories nouvelles qu'il met au jour. Mais nous avons déjà vu que chaque catégorie prise isolément ne saurait être vraie, et nous voyons maintenant que la méthode de Schelling, dans le sens que nous lui revendiquons ici, suppose que toutes les catégories ensemble marchent d'accord vers la vérité sans pouvoir jamais la saisir entièrement. Ce double résultat nous place entre la modestie excessive de Kant et la prétention orgueilleuse de Hégel, et la croyance conserve en outre, dans cette méthode, sa valeur absolue. Car si, d'un côte, notre entendement n'arrive jamais à une connaissance parfaite et absolue de Dieu, nous pouvons être certains, d'un autre côté, que grâce à la conscience, cette connaissance ne nous fait pas défaut dans la pratique de la vie. En effet, avant même que notre esprit ait pu, à l'aide de catégories, se faire une idée nette et precise du devoir, la conscience commande impérieusement ce qu'il faut faire ou omettre, a tel point que parfois l'intervention des catégories attriste et fausse les intuitions de la conscience, et que tout un peuple se laisse quelquefois entraîner par de faux raisonnements en dehors de la ligne droite. en supposant vertueuses ou coupables des actions particulières qui ne le sont pas. Nous ne devons donc pas tant regretter l'insuffisance du savoir, qu'en tirer au contraire une grande satisfaction, puisque l'immense majorite des individus n'arrive jamais au degré le plus élevé de la science à chaque epoque, tandis que tous sont également tenus de pratiquer la vertu. Quand on accomplit un acte, ce n'est pas une ou plusieurs des catégories du moi qui s'y trouvent intéressées ; c'est le moi tout entier qui agit, tandis que l'entendement n'avance qu'en se partageant. Ce n'est donc pas le Vrai, mais le Bien, qui est réellement notre but ; nous possédons l'idéal, non comme distinct, mais comme instinct ; non dans la connaissance, mais dans la conscience.

FIN.

www.ingramcontent.com/pod-product-compliance
Ingram Content Group UK Ltd.
Pitfield, Milton Keynes, MK11 3LW, UK
UKHW020225220726
13923UKWH00002B/516